光辉物证

精品革命文物赏析 川陕苏区

川陕革命根据地博物馆
川陕苏区将帅碑林纪念馆
———编

文物出版社

图书在版编目（CIP）数据

光辉物证：川陕苏区精品革命文物赏析 / 川陕革命
根据地博物馆，川陕苏区将帅碑林纪念馆编 . —— 北京：
文物出版社，2024.11
ISBN 978-7-5010-8227-8

Ⅰ . ①光… Ⅱ . ①川… ②川… Ⅲ . ①川陕边革命根
据地 – 革命文物 – 介绍 Ⅳ . ① K871.6

中国国家版本馆 CIP 数据核字（2023）第 217288 号

光辉物证——川陕苏区精品革命文物赏析

编　　者：川陕革命根据地博物馆
　　　　　川陕苏区将帅碑林纪念馆

责任编辑：卢可可　吕　游
责任印制：张　丽

出版发行：文物出版社
地　　址：北京市东城区东直门内北小街2号楼
网　　址：http://www.wenwu.com
邮　　箱：wenwu1957@126.com
经　　销：新华书店
印　　刷：北京墨阁印刷有限公司
开　　本：889mm×1194mm　1/16
印　　张：12.5
版　　次：2024年11月第1版
印　　次：2024年11月第1次印刷
书　　号：ISBN 978-7-5010-8227-8
定　　价：218.00元

光辉物证
——川陕苏区精品革命文物赏析

编辑委员会

主　任：齐小莉

副主任：冯　亮

主　编：周　璇

副主编：王海军　蒋培培

成　员：陈娇娇　王　璟　周　宓　王东升
　　　　李　科　杨　芳　熊翠琼　何雨芯
　　　　沈道全　廖昱洁　严　陶　汪小蓉
　　　　文绍蓉　王锦洲

序

革命文物承载党和人民英勇奋斗的光荣历史，记载中国革命的伟大历程和感人事迹，是党和国家的宝贵财富，是弘扬革命传统和革命文化、加强社会主义精神文明建设、激发爱国热情、振奋民族精神的生动教材。

1932 年底，中国工农红军第四方面军从鄂豫皖革命根据地战略转移到川陕边，创建了以通（江）、南（江）、巴（中）地区为中心的川陕革命根据地。毛泽东同志高度赞扬"川陕苏区是中华苏维埃共和国的第二个大区域……川陕苏区是扬子江南北两岸和中国南北两部间苏维埃革命发展的桥梁。川陕苏区在争取苏维埃新中国的伟大战斗中具有非常大的作用和意义"。在这片红色热土上，战斗遗址、石刻标语等物质资源星罗棋布，红色歌谣、革命戏剧等非物质资源不胜枚举。

自建馆以来，川陕革命根据地博物馆、川陕苏区将帅碑林纪念馆不断向社会公开征集文物，丰富馆藏资源。经过几代文博人的不懈努力，两馆馆藏文物数量众多、类型丰富、价值突出、特色鲜明，逐渐建立起较为完善的文物征藏体系。藏品包含有纸、棉、麻、毛、丝、木竹、皮革等不同材质、类别的文物。其中，不乏影响力大、美誉度高的珍贵精品。这些文物，有的见证了红军战士的英勇无畏，有的记录了人民群众对革命的支持与拥护，有的展示了革命领袖的智慧与风范，成为我们今天开展理想信念教育的鲜活载体。

为更好地回馈社会、服务社会，进一步发挥革命文物培根铸魂、资政育人的重要作用，让革命文物在人民群众中"热"起来。川陕革命根据地博物馆、川陕苏区将帅碑林纪念馆从两馆大量藏品中筛选近 200 件精品文物，特编撰此书，将红色文化资源公之于众、与民共享，以期为公众提供一个了解川陕苏区革命历史的新视角。我们将以此为契机，陆续将馆藏文物资源向公众展示、开放，不断延伸文化服务的深度和广度。

目录

贰 第二章
抗日战争时期

第三章
解放战争时期

叁

115

第四章
社会主义革命和建设时期 135

光辉物证
——川陕苏区精品革命文物赏析

第一章
土地革命时期

土地花名册

规 格： 长 24.5 厘米，宽 14.5 厘米，重 130 克

简 述： 川陕苏区分配土地花名册，暗黄色土纸，共 15 张复页，其中 6 张浸染保存者的血迹，文字竖
排，每页手书五行字（即五个户头），每行包括姓名、男女人口总数、共分得谷子多少，以户
为单位计算，每人平均 4 或 5 背（计量单位）不等。

收 藏： 川陕革命根据地博物馆

经济公社印章

规 格： 长 7.5 厘米，宽 5 厘米，高 2.1 厘米，重 29.3 克

简 述： 川陕苏区江口县经济公社印章，菱形，梨木雕刻。印文横排
三行，上"川陕省"，中"县经济公社"，下"江口县"，右
角党徽图案，左角是五角星，边沿为齿轮纹。

收 藏： 川陕革命根据地博物馆

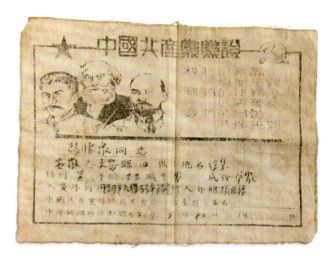

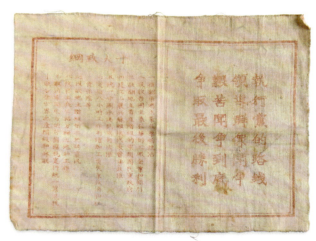

中国共产党党证

规　格： 长 13.8 厘米，宽 11 厘米，重 2 克

简　述： 1934 年张兆泉的中国共产党党证，呈长方形，布质色泽陈旧。正面上方正中为"中国共产党党证"，左边为五角星图案，右为镰刀锤头（党徽）图案。正面中部左边从左到右为斯大林、马克思、列宁头像，右边为"我们的武器列宁主义；我们的任务世界革命；我们的目的共产主义"六排 27 字。正面下方为持证人的详细信息：张兆泉同志 安徽六安县四区小地名徐集 性别 男 年龄 22 职业 农 成分 雇农 入党年月 1929 年入团 1933 年转党 何人介绍 杨国福 中国共产党川陕省委会 发证人签名 ＿＿＿＿ 中华苏维埃共和国 年二月十七日 第 ＿＿＿＿ 号，共六行 85 字。证件正面字体全部为黑色，所有文字内容在长方形线框内。党证背面左边为十大政纲，右边为"执行党的路线，领导群众斗争，艰苦斗争到底，争取最后胜利"四排 24 字。证件背面字体全部为红色，所有文字内容在长方形线框内。

收　藏： 川陕苏区将帅碑林纪念馆

《难忘的子弹》

1937.3.14日 在祁连山上中弹于腰间。直到1953年 月抗美援朝战争结束之后，才在广州军区总医院取出。

在我腰间呆了16年才取出。

子弹头

规　格：长 3.1 厘米，直径 0.4 厘米，重 8 克

简　述：1937 年，王定烈体内的子弹头，系步枪子弹头，圆锥形（体），外表陈旧呈古铜色。王定烈将军参加祁连山血战时被敌人打中腰部的子弹，直到抗美援朝结束，才于 1953 年在广州军区总医院取出。

收　藏：川陕苏区将帅碑林纪念馆

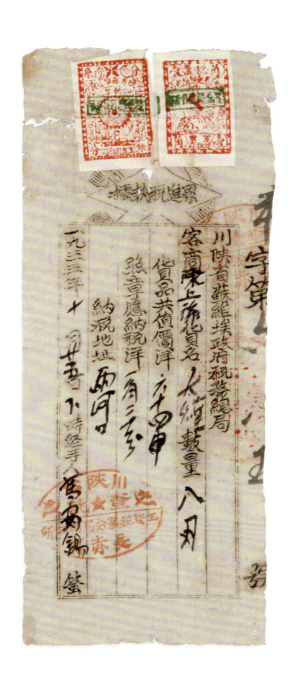

累进税执据及印花税票

规 格：长 25 厘米，宽 9.5 厘米，重 0.5 克

简 述：1933 年川陕苏区累进税执据及印花税票，竖长方形，立式排版，石印，整个版面有镰刀、锤头和五星图案，五角星内有"累进税执据"5 个字，正文用竖条格共六行；正文上有两枚椭圆形印章和一枚圆形印章，两枚椭圆形印章印文为"川陕省长赤县工农税务分局第四所查讫"。

收 藏：川陕革命根据地博物馆

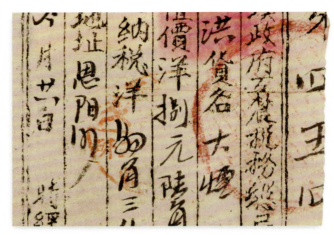

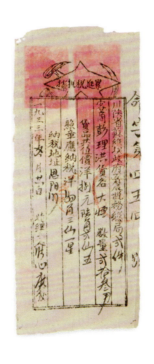

累进税执据及印花税票

规　格： 长 23 厘米，宽 9 厘米，重 1.25 克

简　述： 1933 年川陕苏区累进税执据及印花税票，竖长方形，立式排版，石印，整个版面有镰刀、锤头和五星图案，五角星内有"累进税执据"5 个字，正文用竖条格共六行。背面贴有"叁角""叁分"税票各一枚，"伍分"税票两枚，税票均为红色并盖有椭圆形印章。

收　藏： 川陕革命根据地博物馆

壹圆银币

规 格： 直径 3.9 厘米，厚 0.2 厘米，重 25.2 克

简 述： 1934 年川陕苏区壹圆银币，川陕省造币厂制造，正面分为中心环和外环两部分。中心环内为
"壹圆"字样；外环五角星上面从右至左弧形排列"中华苏维埃共和国"8 个字，五角星以下
从右至左弧形排列"川陕省造币厂造"7 个字。背面亦分为中心环和外环两部分。中心环部分
为简画地球，镰刀和锤头图案置于其中；外环左右部偏下对称分布四瓣花各一朵，上方从右至
左排列"全世界无产阶级联合起来"11 个字，下沿从右至左为"一九三四年"的造币时间。正、
背两边的边缘都由小圆点相连成外圈。

收 藏： 川陕革命根据地博物馆

叁串纸币

规　格：长 15.5 厘米，宽 7.5 厘米，重 1.2 克

简　述：1934 年川陕苏区叁串纸币，竖排版，币材为道林纸，彩色石印。正面以"工农银行"为衬底，四角面额"3"，上方弧形字样"中华苏维埃共和国川陕省"，中间字样"土地归农民 政权归苏维埃 八小时工作"，下方竖排"三串"；背面有蓝色边框，框内为党徽衬底图案，"全世界无产阶级联合起来"呈弧形排列，"列宁"肖像占据下半部分，"坚决保卫赤区"横向排列底部。

收　藏：川陕革命根据地博物馆

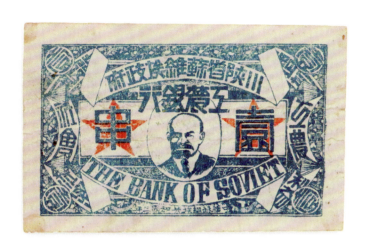

壹串纸币

规　格：长 12.7 厘米，宽 8.6 厘米，重 1.31 克

简　述：1934 年川陕苏区壹串纸币，横排版，彩色石印。正面中央为"列宁"肖像，"壹串"二字排
　　　　列左右，字下有红色五星衬底图案，上端"川陕省苏维埃政府"呈弧形排列，其下横书"工农
　　　　银行"，头像下有英文和"中华苏维埃共和国三年"字样，四角有圆形"壹"字；背面是以拳
　　　　头衬底的"苏联经济建设"草绿色图案，右下角钤"川陕省工农银行"红色印章。

收　藏：川陕革命根据地博物馆

叁串布币

规　格： 长 15.8 厘米，宽 8 厘米，重 1.7 克

简　述： 1933 年川陕苏区叁串布币，立式版面，石印。正、背面均以美术体"增加工农生产，发展社会经济"为衬底图案。币面上方印有"全世界无产阶级联合起来，川陕省苏维埃政府工农银行"字样。中心图案以党徽、五角星、拳头组成，下方为面值"叁串"，底部印有"一九三三年"。币背面图案为圆形齿轮，"3"居齿轮正中并钤"川陕省工农银行"红色印章。

收　藏： 川陕革命根据地博物馆

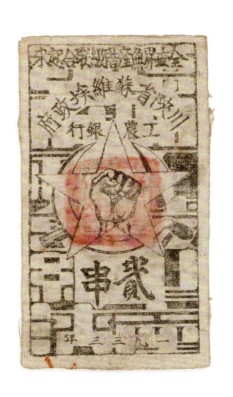 

贰串布币

规 格： 长 15.5 厘米，宽 8 厘米，重 1.95 克

简 述： 1933 年川陕苏区贰串布币，立式版面，石印。正、背面均以美术体"增加工农生产，发展社会经济"为衬底图案。币面上方印有"全世界无产阶级联合起来，川陕省苏维埃政府工农银行"字样。中心图案以党徽、五角星、拳头组成，下方为面值"贰串"，底部印有"一九三三年"。币背面图案为圆形齿轮，"2"居齿轮正中并钤"川陕省工农银行"红色印章。

收 藏： 川陕革命根据地博物馆

大 200 文铜币

规　格： 直径 3.6 厘米，厚 0.2 厘米，重 16 克

简　述： 1933 年川陕苏区大 200 文铜币，铜质，铸造。正面中央有面额"200"，"川陕省苏维埃政府造币厂造"和"一九三三年"分别弧形排在上下方。

收　藏： 川陕革命根据地博物馆

小 200 文铜币

规 格： 直径 2.8 厘米，厚 0.2 厘米，重 6.8 克

简 述： 1934 年川陕苏区小 200 文铜币，铜质。

收 藏： 川陕革命根据地博物馆

500 文铜币

规　格： 直径 3.5 厘米，厚 1.8 厘米，重 11 克

简　述： 1934 年 500 文铜币，是川陕苏区时期由川陕省苏维埃政府铸造货币的一种。货币正面设计有暗图，在凸起的边沿内侧均匀密布似点状的短线文构图，圆弧内铸"川陕省苏维埃造"，下铸"五百文"。

收　藏： 川陕苏区将帅碑林纪念馆

《劳动法令（草案）》

规　格： 长 432 厘米，宽 256 厘米，厚 9 厘米

简　述： 1933 年川陕省苏维埃政府翻刻的《劳动法令（草案）》石刻文献，版面由四块石板拼成，全文竖排，楷书，版面排列均匀，书写工整，笔力刚劲，正文共八章六十三条，约 6000 字，以法令形式具体规定了工作时间、工资待遇、女工与青工的权利、雇工方法、安全与卫生、社会保障、职工与劳动保护、劳动法令的执行与工作检查的标准和方法。

收　藏： 川陕革命根据地博物馆

《川陕省苏维埃政府布告》

规　格：纵 227 厘米，横 224 厘米，厚 7 厘米

简　述：1933 年《川陕省苏维埃政府布告》石刻文献，石板刻制，略呈正方形，竖排版，阴文，楷体，字径约为 4 厘米 ×4 厘米，全文共十四条，约 1500 字，主要内容为川陕省苏维埃政府分配土地的政策、原则和具体办法，文末提出了"土地归穷苦农民！粮食归穷人！八小时工作！政权归工农兵苏维埃"。落款为"主席熊国炳　副主席杨孝全　罗海清"。

收　藏：川陕革命根据地博物馆

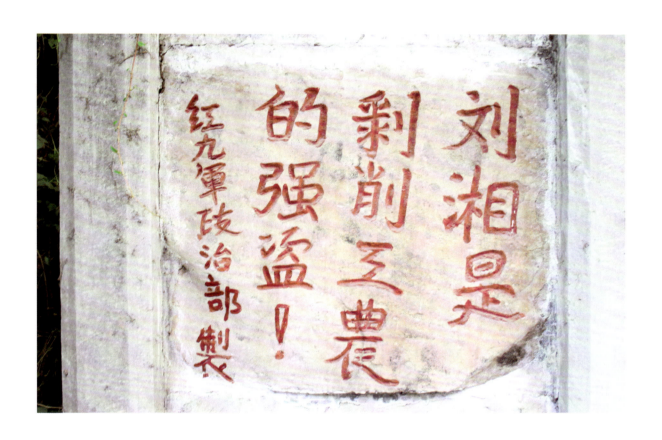

石刻标语"刘湘是剥削工农的强盗"

规　格：长 70 厘米，宽 57 厘米

简　述：川陕苏区石刻标语"刘湘是剥削工农的强盗"，石质，近似
　　　　正方形，阴刻，从右至左三列，共 10 个字。落款为"红九
　　　　军政治部制"。

收　藏：川陕革命根据地博物馆

石刻标语"保护工农利益"

规　格： 长 463 厘米，宽 90 厘米，厚 8 厘米

简　述： 1934 年川陕苏区"保护工农利益"石刻标语。单字高 63 厘米，宽 43 厘米，字间距约 23 厘米该石刻质地为黄砂岩，石质较疏松，表面凹凸不平，原为崖壁石刻标语，系凿取搬移后，按原状重嵌，呈横长方形，横排右读。内容为"保护工农利益"，落款为"红二十五师政治部"。笔力雄健苍劲，具有较强的政治意义。

收　藏： 川陕革命根据地博物馆

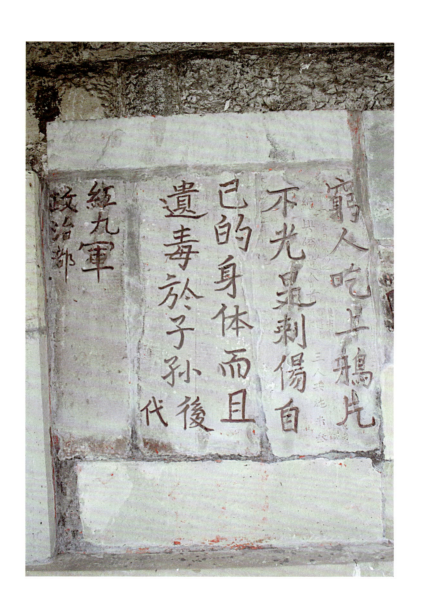

石刻标语"穷人吃上鸦片，不光是刺伤自己的身体……"

规　格：长 110 厘米，高 100 厘米

简　述：川陕苏区石刻标语"穷人吃上鸦片，不光是刺伤自己的身体，而且遗毒于子孙后代"，落款为
　　　　 "红九军政治部"，竖排，阴刻。

收　藏：川陕革命根据地博物馆

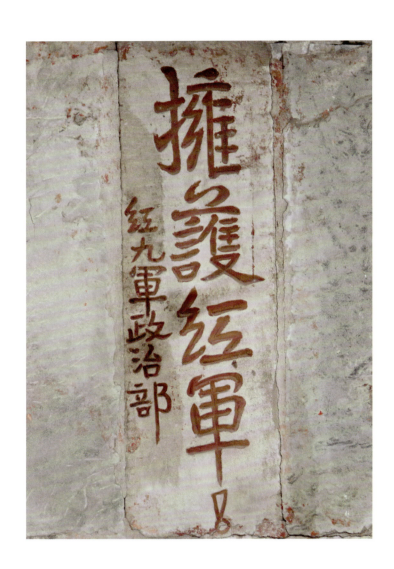

石刻标语"拥护红军"

规 格：长 131 厘米，宽 81 厘米，厚 6 厘米

简 述：川陕苏区石刻标语，竖长方形，阴刻，竖排"拥护红军！"，落款为"红九军政治部"。

收 藏：川陕革命根据地博物馆

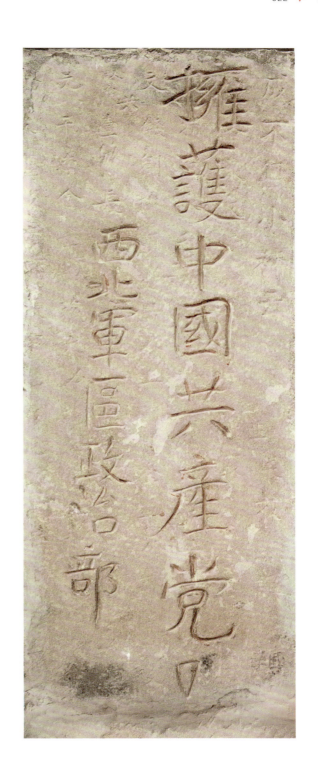

石刻标语"拥护中国共产党"

规　格： 长 77 厘米，宽 30 厘米，厚 4 厘米

简　述： 川陕苏区石刻标语，竖长方形，阴刻，竖排"拥护中国共产党！"，落款为"西北军区政治部"。

收　藏： 川陕革命根据地博物馆

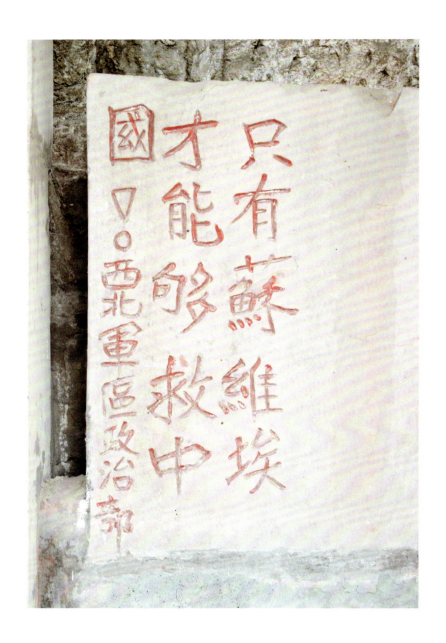

石刻标语"只有苏维埃才能够救中国"

规 格： 长 66 厘米，宽 51.5 厘米，厚 7.5 厘米

简 述： 川陕苏区石刻标语，竖长方形，阴刻，竖排三列，"只有苏
维埃才能够救中国！"，落款为"西北军区政治部"。

收 藏： 川陕革命根据地博物馆

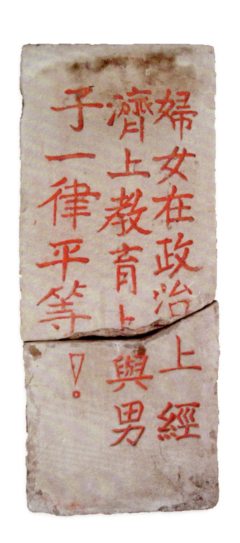

石刻标语"妇女在政治上……"

规　格： 长 105 厘米，宽 42 厘米，厚 3.5 厘米

简　述： 川陕苏区石刻标语，竖长方形，阴刻，竖排三列"妇女在政治上，经济上，教育上与男子一律平等！"

收　藏： 川陕革命根据地博物馆

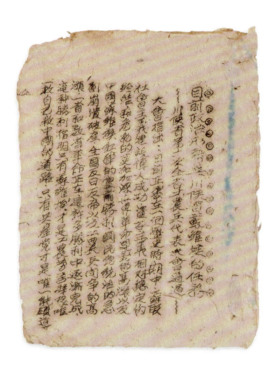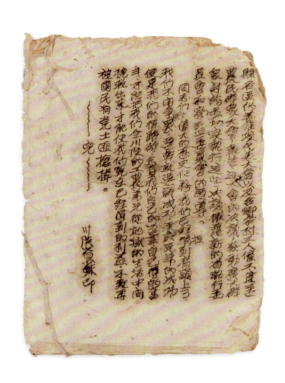

《目前政治形势与川陕省苏维埃的任务》

规　格：长 12.8 厘米，宽 9.5 厘米，重 4.2 克

简　述：1933 年《目前政治形势与川陕省苏维埃的任务》，暗黄生二元纸，竖排，复页，标题右边有"⊙"符号，左边注明川陕省第二次全省工农兵代表大会通过，全文共 11 段，分析了当时国际和国内形势，指出"只有苏维埃才是工农劳苦群众救自己、救中国的道路，只有共产党才是唯一能领导苏维埃得到胜利的政党"。它是川陕苏区重要的纲领性文件，为粉碎刘湘的"六路围攻"，成为政治、军事、经济、文化等方面强有力的工作指南，对巩固和发展根据地起到了极其重要的作用。

收　藏：川陕革命根据地博物馆

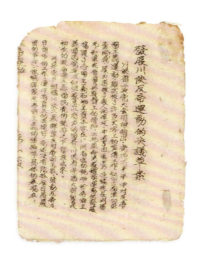

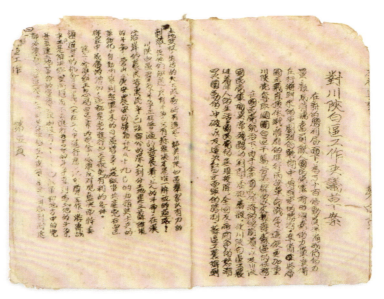

《发展川陕反帝运动的决议草案》与《对川陕白区工作决议草案》

规　格：长 12.8 厘米，宽 9.5 厘米，重 4.55 克

简　述：1933 年川陕苏区《发展川陕反帝运动的决议草案》与《对川陕白区工作决议草案》，生二元纸，
　　　　竖排，楷体刻印，纸捻装订。约 64 开，折页，折叠处编有页码，两个文件页码相连，共 7 页。
　　　　1—4 页翻口有"反帝运动"，5—7 页有"白区工作"。落款为"中共川陕省委印 七月二日"。《发
　　　　展川陕反帝运动的决议草案》总结了过去反帝运动的经验教训，并指出今后应把反帝斗争和土
　　　　地革命联系起来，才能取得胜利。《对川陕白区工作决议草案》阐述了白区工作的重要性和有
　　　　利条件，并对今后的工作提出了八条具体意见。

收　藏：川陕革命根据地博物馆

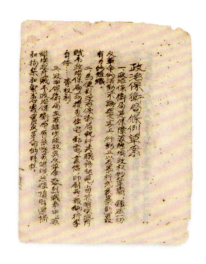

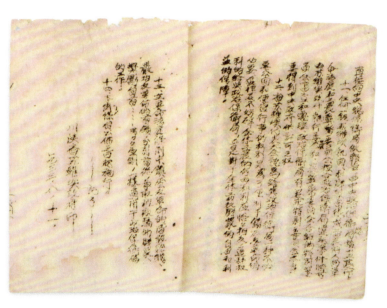

《政治保卫局条例草案》

规　格： 长 12.8 厘米，宽 9.5 厘米，重 1.2 克

简　述： 1933 年川陕苏区《政治保卫局条例草案》，生二元纸，刻印，竖排，约 64 开，纸捻装订，折页，折叠缝处编有页码，共 3 页，落款为"川陕省苏维埃政府印　一九三三年八月十一日"。此条例共十四条，明确阐述了政治保卫局的性质、任务，规定了政治保卫局应履行的具体职责及遵循的原则，为根据地政治保卫工作的顺利进行奠定了良好的基础。

收　藏： 川陕革命根据地博物馆

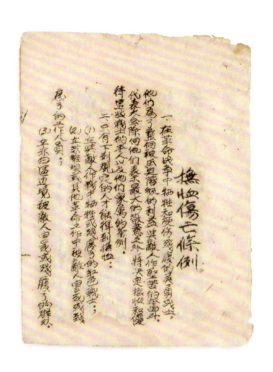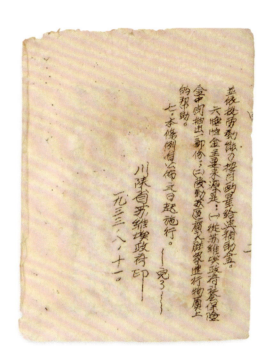

《抚恤伤亡条例》

规　格： 长 12.8 厘米，宽 9.5 厘米，重 1.1 克

简　述： 1933 年川陕苏区《抚恤伤亡条例》，生二元纸，竖排，刻印，约 64 开，折页，折叠处编有页码，共 2 页，落款为"川陕省苏维埃政府印　一九三三年八月十一日"。内容共七条，主要阐明在革命战争中牺牲、受伤、残废的红军战士及其家属的抚恤规定。

收　藏： 川陕革命根据地博物馆

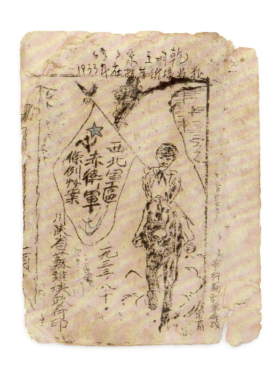 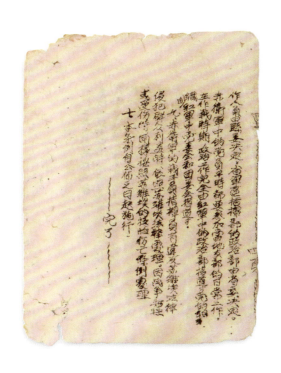

《西北军区赤卫军条例草案》

规　格： 长 12.8 厘米，宽 9.5 厘米，重 1.8 克

简　述： 1933 年《西北军区赤卫军条例草案》，生二元纸，竖排，刻印，约 64 开，折页，折叠处编有
页码，共 4 页。封面上由双黑细线组成边框，正中有一赤卫军战士骑着一奔驰的骏马，手执
一面军旗，军旗正中有竖排排列"西北军区赤卫军条例草案"。上角有五角星、镰刀、锤头图
案；旗左下有"川陕省苏维埃政府印"，旗右下有"一九三三·八·十"。该文件对赤卫军的性
质、任务做了具体规定，提出赤卫军是工农群众保卫苏维埃、保护自己阶级利益、配合红军行
动与敌人作战的武装组织。

收　藏： 川陕革命根据地博物馆

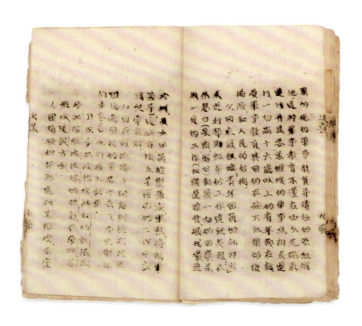

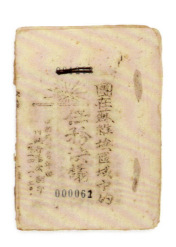

《团在苏维埃区域中的任务决议》

规　格: 长 12 厘米,宽 8.3 厘米,重 6.9 克

简　述: 1934 年中国共产青年团川陕省委会翻印的《团在苏维埃区域中的任务决议》,生二元纸,竖排版,楷体刻印。纸捻装订,约 64 开,折页,折叠处编有页码,共 21 页。封面:中上部有一五角星,星外光芒放射图案,竖排排列"团在苏维埃区域中的任务决议";左下角为"中国共产青年团川陕省委会翻印 一九三四·一·三〇"落款。《决议》概括了当时苏区内外的形势,并规定了团在苏维埃区域中的各项具体战斗任务。

收　藏: 川陕革命根据地博物馆

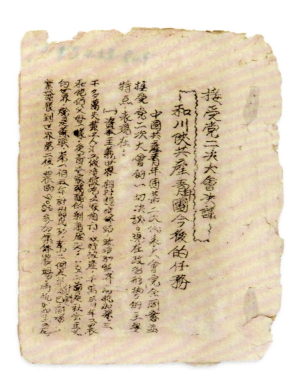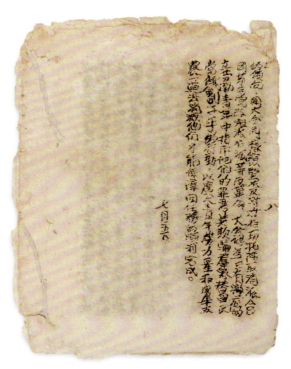

《接受党二次大会决议和川陕共产青年团今后的任务》

规　格： 长 12.5 厘米，宽 10 厘米，重 3.7 克

简　述： 1933 年川陕苏区《接受党二次大会决议和川陕共产青年团今后的任务》，生二元纸，竖排版，楷体刻印，纸捻装订。约 64 开，折页，折叠处编有页码，共 8 页。封面右边为两行竖排标题："接受党二次大会决议和川陕省共产青年团今后的任务"，此文件由 1933 年 7 月 5 日共产青年团川陕省第二次代表大会通过，决议分析了国内外形势和团的工作情况，对川陕共产青年团今后的工作，提出了九条具体任务。

收　藏： 川陕革命根据地博物馆

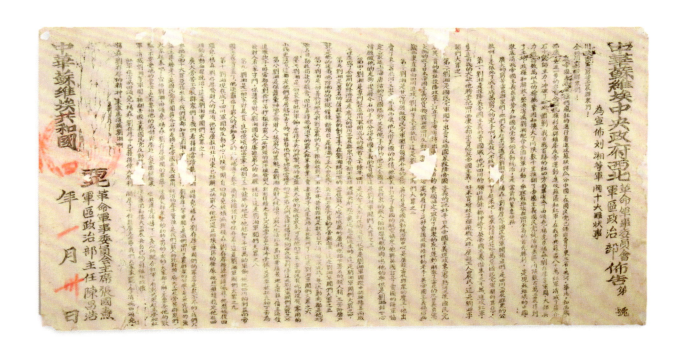

《为宣布刘湘等军阀十大罪状事》

规　格： 长 93 厘米，宽 47 厘米，重 23.49 克

简　述： 1934 年川陕苏区西北革命军事委员会军区政治部印发的为《为宣布刘湘等军阀十大罪状事》，
生二元纸，长方形，木刻油印，竖排，共四十九行。标题两行为"中华苏维埃中央政府西北
革命军事委员会　军区政治部布告　第　号""为宣布刘湘等军阀十大罪状事"。落款为"西
北革命军事委员会主席张国焘　西北军区政治部主任陈昌浩　中华苏维埃共和国四年一月卅
日"。

收　藏： 川陕革命根据地博物馆

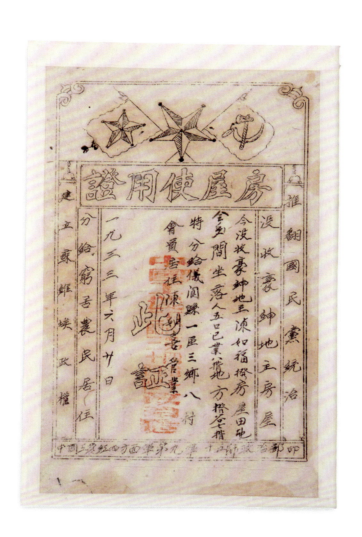

房屋使用证

规　格：长 25.5 厘米，宽 16 厘米

简　述：1933 年中国工农红四方面军第九军十五师政治部印发的房屋使用证，竖长方形，油印，双线
　　　　边框间隔文字及图案。

收　藏：川陕革命根据地博物馆

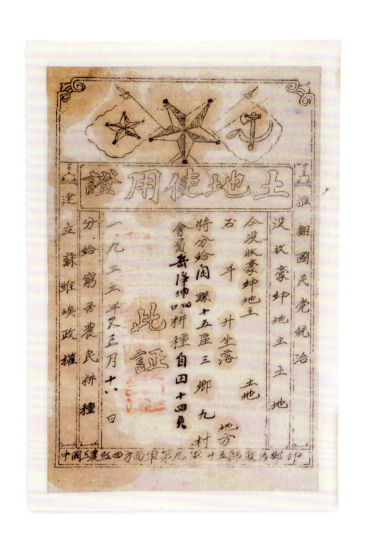

土地使用证

规　格：长 25 厘米，宽 15 厘米

简　述：1933 年中国工农红四方面军第九军十五师政治部印发的土
　　　　地使用证，竖长方形，楷体刻印。

收　藏：川陕革命根据地博物馆

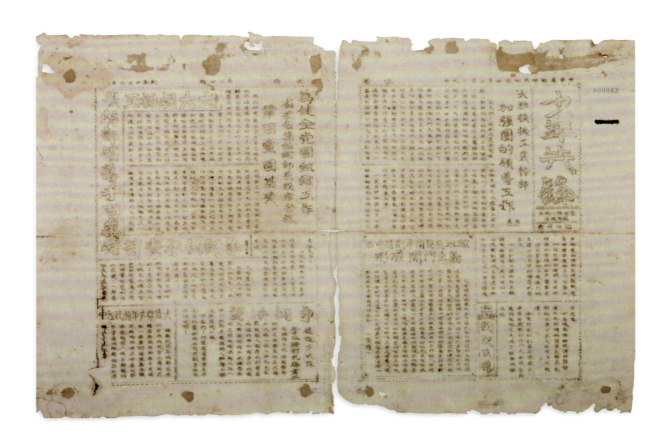

《少年先锋》报第三十四期

规　格：长 50 厘米，宽 34 厘米，重 5.4 克

简　述：1934 年川陕苏区第三十四期《少年先锋》报，生二元纸，八开两版，刻印，两版各有边框。
　　　　报头竖排双勾体"少年先锋"，小标题为美术字，横竖搭配得当。文章内容多为竖排版，个别
　　　　从右至左横排，重要标题横贯通栏，醒目明了。

收　藏：川陕革命根据地博物馆

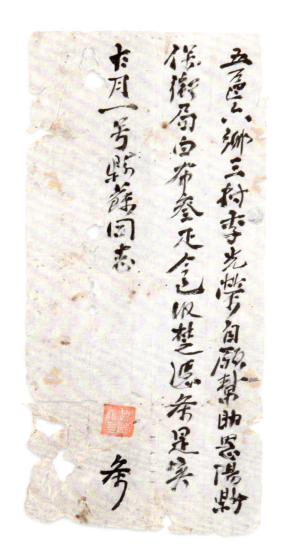

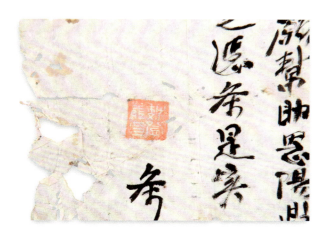

收据

规　格：长 26.8 厘米，宽 12.4 厘米

简　述：川陕苏区恩阳县保卫局出具的收据，白色二元纸，文字为竖排墨书三行，草书"五区六乡三村李光荣自愿帮助恩阳县保卫局白布三匹今已收楚，凭条是实，十二月一号，县苏同志　条"。"条"字上方盖有"魏登龙"朱红篆书方印。

收　藏：川陕革命根据地博物馆

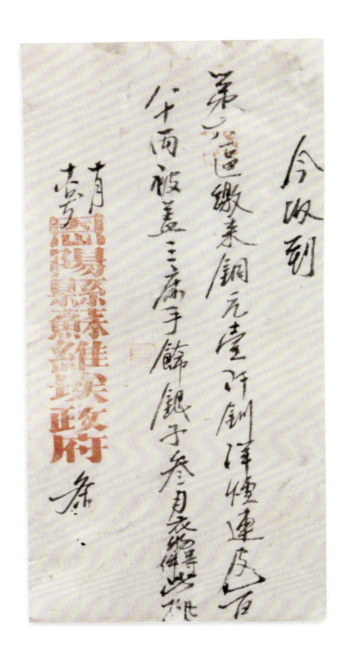

收物执据

规　格：长 26 厘米，宽 13 厘米

简　述：1933 年川陕苏区恩阳县苏维埃政府给六区出具的收物执据，竖长方形，墨书。落款盖有"恩阳县苏维埃政府"朱色条印。

收　藏：川陕革命根据地博物馆

红军 10 周年纪念章

规　格： 通长 4.2 厘米，厚 0.2 厘米

简　述： 1927 年—1937 年叶声的红军 10 周年纪念章。该纪念章系金属材质，古铜色，呈五角星形。正面最上方为一党徽标志，中间有一匹奔腾的骏马，象征中国必将获得解放。土地革命战争时期，叶声屡立战功，为革命事业做出了贡献，并获得了这枚纪念章。

收　藏： 川陕苏区将帅碑林纪念馆

关金券

规 格： 长 18.7 厘米，宽 8.5 厘米

简 述： 1935 年潘凤楼烈士遗留下的关金券，系潘凤楼任川陕省苏维埃政府秘书长兼政府机关直属团团长时的津贴，竖排版。

收 藏： 川陕苏区将帅碑林纪念馆

象牙餐具

简　述： 1935 年少数民族羌寨首领赠送给戴成富的象牙餐具。该套餐具由象牙筷和餐刀组成。象牙筷
子长 25.5 厘米，筷头直径 0.6 厘米，色泽是典型的米黄象牙色，表面光滑，做工精细。餐刀
长 15.5 厘米，柄长 10.7 厘米，刀片呈椭叶形，宽 0.9 厘米，刀尖处 0.5 厘米呈斜口形。长
征途中，羌寨首领为了报答戴成富对儿子的救命之恩，特赠送象牙餐具一套。

收　藏： 川陕苏区将帅碑林纪念馆

川陕省工农银行印章

规 格：长 4.6 厘米，宽 4.5 厘米，高 3.5 厘米，重 43.3 克

简 述：1933 年川陕省工农银行印章，木质，雕刻，长方体。印面为竖排三行朱文篆书"川陕省工农银行印"，印顶刻有"上"字。此印是用来钤叁串和贰串布币。

收 藏：川陕革命根据地博物馆

陕南青救少先队胸章

规　格：长 9.9 厘米，宽 5.8 厘米，厚 0.1 厘米，重 1.29 克

简　述：1933 年川陕苏区陕南青救少先队胸章，白布，印刷，
　　　　横长方形。

收　藏：川陕革命根据地博物馆

地瓜手榴弹

规　格： 腹径 6.3 厘米，高 8.8 厘米，重 540 克

简　述： 1934 年川陕苏区地瓜手榴弹，通江罗坪红军兵工厂生产，弹体近似地瓜得名，纵向有一条对称的浇铸缝，弹面由 14 条经线和 6 条纬线将表面分割为 54 个方块，在鼓腹部正背两面均铸有阴刻铭文，内容为"消灭刘湘 赤化全川"。

收　藏： 川陕革命根据地博物馆

"国"字冲字模

规 格： 长 0.9 厘米，宽 0.8 厘米，高 5.3 厘米，重 16.15 克

简 述： 川陕苏区"国"字冲字模。该文物是通江县永安乡六村六社农民杨述度在当年红军罗坪兵工厂

附近修渠堰时，从土里挖出，柱形，顶部呈伞状（因冲击形成），上段略呈圆柱体，直径约 0.6

厘米，中下段呈长方体，截面边长 0.5 厘米，底部为"国"字样。其用途是为各种武器的标记

冲模。

收 藏： 川陕革命根据地博物馆

红军试枪树

规　格： 长 245 厘米，宽 37 厘米，厚 27 厘米

简　述： 1934 年，川陕革命根据地红军兵工厂 3 枪房设在今通江县永安镇 6 村 3 组郑家院子，枪房工人以厂房前水田埂上的一棵柏树作为靶子试枪。1979 年此树被雷电击死，第一截做了燃料，里面残存很多弹头，第二截由川陕革命根据地博物馆于 1982 年 10 月征集收藏。此件原为圆木，系树主于 1979 年砍倒后截段破开，这两块木头的剖面各有红军试枪射入的子弹头六枚，其中一块的中下部有一槽穴，长 216 厘米，系当年红军试枪时，子弹穿透后留下的痕迹。

收　藏： 川陕革命根据地博物馆

马刀

规　格：长 63 厘米，宽 13 厘米，厚 1.2 厘米，重 900 克

简　述：川东游击军使用的马刀，铁质，打制。

收　藏：川陕革命根据地博物馆

三角抓

规 格： 长 17.5 厘米，宽 17.5 厘米，厚 2.1 厘米，重 620 克

简 述： 川陕苏区红军使用的三角抓，铁质，打制。攀登工具，腰部呈圆柱体，上有圆形穿孔，下有三角抓钩。

收 藏： 川陕革命根据地博物馆

水壶

规 格： 长 45 厘米，宽 34 厘米，高 8.3 厘米，重 1.04 千克

简 述： 川陕苏区时期，苏维埃干部王少清使用的水壶，陶质，烧制。形似甲鱼，由口、腹、底座三部
分构成。两腹部各有 4 道圆形凹纹，腹周有一道较大的凹槽，有四耳。

收 藏： 川陕革命根据地博物馆

带匕首的铜笛

规　格：直径 2 厘米，长 50 厘米，重 292.22 克

简　述：川陕苏区红军使用过的带匕首的铜笛，铜质，圆柱体，笛身有十个小孔，笛尾有带匕首的暗器。

收　藏：川陕革命根据地博物馆

口哨

规　格：长 4.6 厘米，宽 3.1 厘米，高 2.6 厘米，重 17.3 克

简　述：1933 年川陕苏区李清芝使用过的口哨，系川陕苏区女红军开展作战训练时使用的工具。

收　藏：川陕革命根据地博物馆

火枪

规　格：长 122 厘米，宽 13.5 厘米，厚 4.1 厘米

简　述：1933 年川陕苏区赤卫军使用的火枪，铁质，铸造，由铁枪
　　　　管、木枪托组成，枪身中部有四道铁箍，枪托向下弯曲呈"L"
　　　　形，有棕绳挎带。

收　藏：川陕革命根据地博物馆

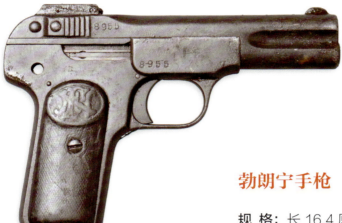

勃朗宁手枪

规　格： 长 16.4 厘米，宽 11.7 厘米，厚 2.9 厘米

收　藏： 川陕革命根据地博物馆

毛瑟手枪

规　格： 长 13.6 厘米，宽 9.7 厘米，厚 3.0 厘米

收　藏： 川陕革命根据地博物馆

轻机枪

规　格： 长 115 厘米，宽 36 厘米，厚 14.5 厘米

收　藏： 川陕革命根据地博物馆

斯登式冲锋枪

规　格： 长 78.5 厘米，宽 12 厘米，厚 17 厘米

收　藏： 川陕革命根据地博物馆

歪把子轻机枪

规　格： 长 110 厘米，宽 42 厘米，厚 13 厘米

收　藏： 川陕革命根据地博物馆

中正式步枪

规　格： 长 110.7 厘米，宽 12 厘米，厚 8.7 厘米

收　藏： 川陕革命根据地博物馆

指挥刀

规　格：长 71 厘米，宽 6.2 厘米，厚 5.6 厘米，重 555 克

简　述：川陕苏区红军使用的指挥刀，铁质，打制。直背，刀尖略收
　　　　成弧形，两面各有一道凹槽。

收　藏：川陕革命根据地博物馆

春秋刀

规　格：长 67 厘米，宽 12 厘米，厚 3.7 厘米，重 810 克

简　述：川陕苏区时期，苏维埃干部罗清文使用的春秋刀，铁质。

收　藏：川陕革命根据地博物馆

梭刀

规 格： 长 86.2 厘米，宽 4.7 厘米，厚 3.6 厘米，重 750 克

简 述： 川陕苏区时期赤卫军使用的梭刀，铁质，打制。刀身长

46.5 厘米，呈柳叶形，圆筒把，插有柲。

收 藏： 川陕革命根据地博物馆

手杖刀

规 格： 长 45.5 厘米，宽 1.6 厘米，厚 1.6 厘米，重 135 克

简 述： 川陕苏区红军使用的手杖刀，铁质，打制。刀身长 33 厘

米，呈柳叶形，两边有刃，刀把弯曲呈"L"形。

收 藏： 川陕革命根据地博物馆

匕首

规　格：长 33.4 厘米，宽 3 厘米，厚 2.4 厘米，重 95 克

简　述：川陕苏区时期红军龙显缘使用的匕首，铁质，打制。匕首呈
柳叶形，木柄。

收　藏：川陕革命根据地博物馆

顺刀

规　格：长 50 厘米，宽 2.9 厘米，厚 2.9 厘米，重 240 克

简　述：川陕苏区时期，苏维埃干部刘金安使用的顺刀，铁质，打
制。刀身长 41.2 厘米，较窄，木柄呈鼓腹形。柄首有一枚
铜币"乾隆通宝"，两端各一道铁箍加以固定。

收　藏：川陕革命根据地博物馆

刺刀

规　格： 长 34.6 厘米，宽 7 厘米，厚 2.4 厘米，重 350 克

简　述： 川陕苏区红军使用的刺刀，铁质，打制。刀身长 22 厘米，
两边各一道凹槽。格上有一穿孔，柄用木块固定，此刀系步
枪配件。

收　藏： 川陕革命根据地博物馆

砍刀

规　格： 长 45.6 厘米，宽 7.4 厘米，厚 3.1 厘米，重 670 克

简　述： 川陕苏区时期，苏维埃干部王月楼使用的砍刀，铁质，打
制。刀身宽肥，直刃鱼形背，圆柄中空。

收　藏： 川陕革命根据地博物馆

柳叶矛

规　格： 长 155 厘米，宽 4.3 厘米，厚 2.9 厘米，重 200 克

简　述： 川陕苏区时期，红军岳子荣使用的柳叶矛，铁质，打制。矛身似柳叶形，铜质兽形格，柄首有
　　　　　 箍，带长柲。

收　藏： 川陕革命根据地博物馆

红缨矛

规　格： 长 170 厘米，宽 5 厘米，厚 2.8 厘米，重 185 克

简　述： 川陕苏区时期，苏维埃干部张明福使用的红缨矛，铁质，打制。矛身似柳叶形，铜质兽形格，柄首有箍，带长秘。

收　藏： 川陕革命根据地博物馆

剑

规　格： 长 65.3 厘米，宽 8.8 厘米，厚 2.4 厘米，重 940 克

简　述： 川陕苏区时期，恩阳县苏维埃主席李尔贤使用过的剑，铁
质，打制。剑身长 51.2 厘米，较厚。格为菱角形，木把，
茎首为菱花状，鞘为竹质，中间两边有雕花，为锯齿状。

收　藏： 川陕革命根据地博物馆

小木枪

规　格： 长 39.8 厘米，宽 5.2 厘米，厚 2.7 厘米，重 370 克

简　述： 川陕苏区童子团员使用的小木枪，木制。

收　藏： 川陕革命根据地博物馆

土炮

规　格： 直径 6.5 厘米，长 110 厘米

简　述： 铁质，铸造。形似火枪，由炮管、炮托组成，身有三道铁箍固定。

收　藏： 川陕革命根据地博物馆

土炮筒

规　格： 直径 3 厘米，长 134 厘米

简　述： 铁质，铸造。由炮管、炮托组成，炮托有一穿孔以做固定，似火枪。

收　藏： 川陕革命根据地博物馆

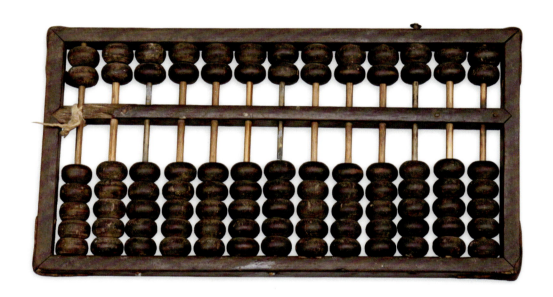

算盘

规　格：长 18 厘米，宽 23.5 厘米，高 2.6 厘米，重 810 克

简　述：川陕苏区苏维埃干部使用的算盘，木质。横长方形，由木质框边和中梁构成，共 13 桥，上方每桥有两颗木质珠子，下方每桥有五颗木质珠子。

收　藏：川陕革命根据地博物馆

银币预板

规　格：直径 3.9 厘米，厚 0.2 厘米，重 2.5 克

简　述：圆形，川陕苏区壹圆银币的预板。

收　藏：川陕革命根据地博物馆

竹笔筒

规　格： 直径 7.7 厘米，高 14.8 厘米

简　述： 川陕苏区红军使用的竹笔筒，圆形，直壁，壁上有花、草等装饰图案，并有"革命尚未成功，
　　　　　同志仍须努力"字样。

收　藏： 川陕革命根据地博物馆

铜墨盒

规　格： 直径 6.4 厘米，高 3.8 厘米，重 476 克

简　述： 川陕苏区红军使用的铜墨盒，圆形带盖，盖顶上凸，底面内凹。

收　藏： 川陕革命根据地博物馆

石砚台

规　格： 长 21.8 厘米，宽 14 厘米，高 2.7 厘米，重 689 克

简　述： 川陕苏区红军使用的石砚台，长方形，表面有圆形下凹墨池，用以装墨汁。

收　藏： 川陕革命根据地博物馆

竹箱

规 格： 长 52 厘米，宽 35 厘米，高 42 厘米，重 3.3 千克

简 述： 巴山游击队队长赵明恩使用的竹箱，竹质，长方形，竹块框架，内层嵌有木板，外系软篾编制，箱身横档处有提手。

收 藏： 川陕革命根据地博物馆

灰线包

规　格： 长 12 厘米 ，宽 2.7 厘米，厚 0.2 厘米，重 11 克

简　述： 皮质，由一方块皮子，卷成圆筒，里面装灰和线，圆筒两边都用线扎结，使长线可以两边拉扯，缝纫工具。

收　藏： 川陕革命根据地博物馆

熨斗

规　格：直径 14.7 厘米，高 5.5 厘米，重 1.67 千克

简　述：铁质，敞口，直壁，平底，带把。

收　藏：川陕革命根据地博物馆

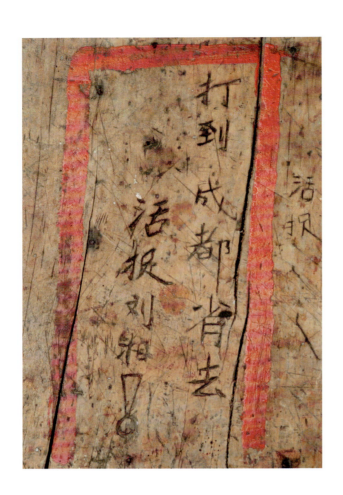

方桌

规　格： 长 97.5 厘米，宽 95 厘米，高 83.5 厘米

简　述： 木质，桌面刻有"打到成都省去，活捉刘湘！"。

收　藏： 川陕革命根据地博物馆

背水桶

规　格：长 46 厘米，宽 20 厘米，高 77 厘米

简　述：川陕苏区群众赵洪中给红军送水使用的背水桶，圆形、敞口、底部渐收。腰身有六道铁丝箍，有一副棕背带。

收　藏：川陕革命根据地博物馆

怀表（残）

规　格： 直径 5.1 厘米，厚 1.3 厘米，重 60 克

简　述： 川陕省苏维埃主席熊国炳使用的怀表（残），圆形，表把上有椭圆形铜环。

收　藏： 川陕革命根据地博物馆

皮带

规　格： 长 114 厘米，宽 3.6 厘米，厚 0.3 厘米，重 150 克

简　述： 老红军白栋光在长征中使用的皮带，皮质。由长条形牛皮带和正方形铜扣构成，铜扣中间处，
　　　　　有铁条呈"T"形，横固其中间。

收　藏： 川陕革命根据地博物馆

马克思木刻画像（残）

规　格： 长 66 厘米，宽 55 厘米，厚 3 厘米

简　述： 1933 年川陕苏区张贴在泥壁上的马克思木刻画像（残），生二元纸，竖长方形，木刻印刷，贴在由泥、稻草、麻、石灰、竹等材料构成的泥壁上。此像为马克思半身像，身着西装，卷发浓须，形象逼真，面容端庄，和蔼可亲，下方从右至左横书"马克思"。

收　藏： 川陕革命根据地博物馆

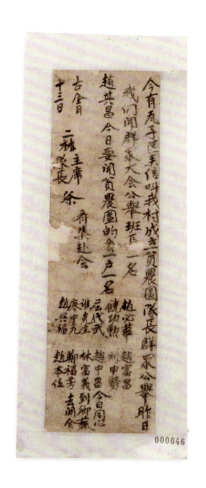

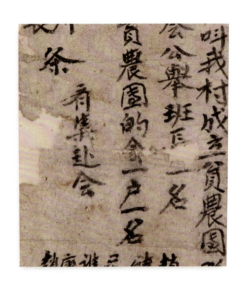

贫农团名单

规　格： 长 27 厘米，宽 7.8 厘米

简　述： 1933 年川陕苏区瓦子区二村贫农团名单，竖长方形，毛笔书写，从右至左竖排"今有瓦子区来信叫我村成立贫农团，队长群众公举。昨日我们开群众大会公举班长一名赵其昌，今日要开贫农团的会，一户一名齐集赴会。古全月，十三日，二村主席、队长条"。左下是名单"赵必华、赵富昌……"共十二人竖排六行。其下竖排三行"今日同心到乡苏去开会"。

收　藏： 川陕革命根据地博物馆

川陕省第四次党代会代表证

规　格：长 18 厘米，宽 9.6 厘米，重 9 克

简　述：1934 年孙国凡出席川陕省第四次党代会代表证，竖长方形，双黑线框边，刻印。上半部有镰刀、锤头和五角星组成的图案，图案上方横排和弧形排列"中国共产党川陕第四次全省代表大会"，图案下部中央竖排"代表证"字样，右侧竖排"所代表的组织"，并用毛笔填写"支部"；左侧竖排"恩阳县六区一乡一村"；底部从右至左横排"孙国凡同志"，并标有"省 1977"。

收　藏：川陕革命根据地博物馆

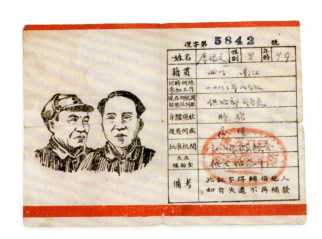

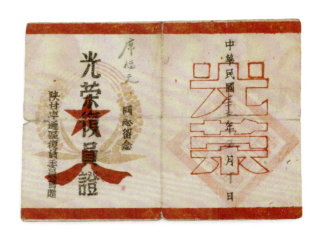

光荣复员证

规　格： 长 14.6 厘米，宽 11 厘米

简　述： 陕甘宁边区复员委员会颁发给席福文的光荣复员证，竖长方形，彩色石印，双面印刷，共 4 页。全证上下方有红色边框，封面中央有五星、彩带和麦穗图案；第二页为表格；第三页有毛泽东和朱德头像；第四页有"光荣"两个红色空心美术字，正中竖排"中华民国三十五年五月十日"黑色字，并盖有"陕甘宁边区复员委员会"方印。

收　藏： 川陕革命根据地博物馆

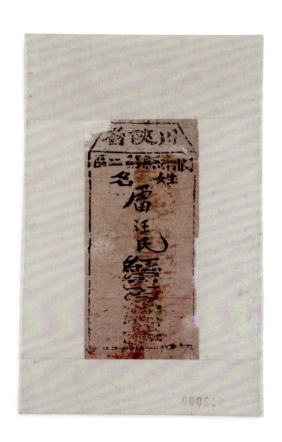

红军家属优待证

规　格： 长 13 厘米，宽 6 厘米

简　述： 1933 年川陕苏区阆南县苏维埃政府发给雷汪氏的红军家属优待证，竖长方形，石印，单线边框。

收　藏： 川陕革命根据地博物馆

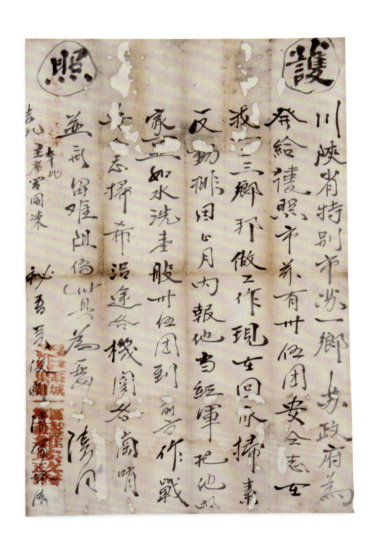

扫除反动的护照

规　格：长 34 厘米，宽 21 厘米

简　述：1933 年川陕苏区三十五团安全志回家扫除反动的护照，竖长方形，墨书。落款盖有"巴中县城一区第一乡苏维埃政府"的朱色条印。

收　藏：川陕革命根据地博物馆

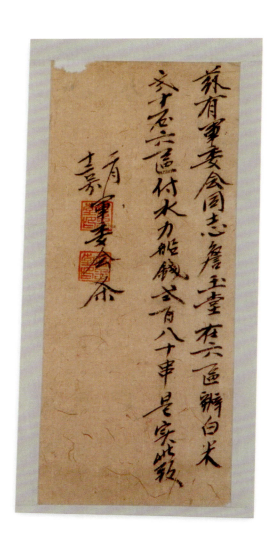

付水力船钱的证明

规 格：长 34 厘米，宽 21 厘米

简 述：1934 年川陕苏区军委会给詹玉堂开具的"付水力船钱"的证明，竖排墨书。落款为"军委会条"，并盖上两枚詹玉堂私章。

收 藏：川陕革命根据地博物馆

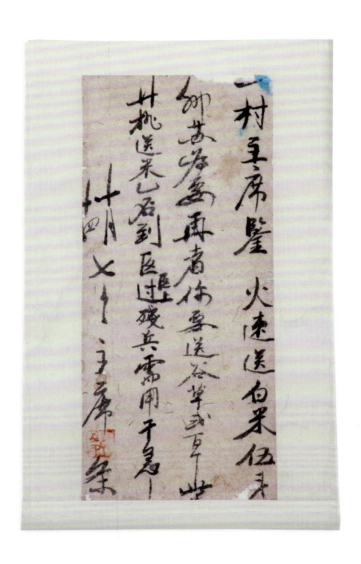

催送粮草的函件

规　格：长 25 厘米，宽 11 厘米

简　述：1933 年川陕苏区催送粮草的函件，竖长方形，毛笔书写，从右至左排列。在落款处盖有一枚
　　　　私章。

收　藏：川陕革命根据地博物馆

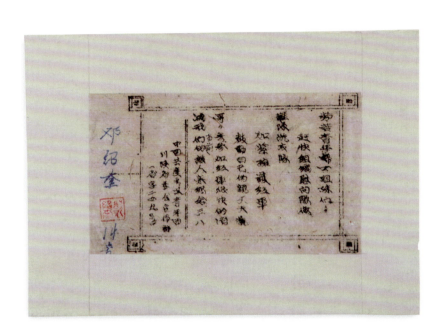

慰问和拥护红军的传单

规 格: 长 8.2 厘米，宽 13.5 厘米

简 述: 川陕省委宣传部印发的号召妇女慰问和拥护红军的传单，横长方形，竖排油印。正文七排，落款三排，双线边框，四角各有小方框。落款与正文用双线隔开。

收 藏: 川陕革命根据地博物馆

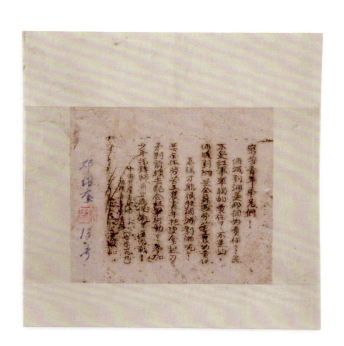

青年参加红军的传单

规　格： 长 12.5 厘米，宽 13.5 厘米

简　述： 川陕省委宣传部印发的号召青年参加红军的传单，竖排油印。内容八行，落款两行。落款的左
　　　　　边有邓绍奎的钢笔签名及私章，编号"13 号"。

收　藏： 川陕革命根据地博物馆

欢送俘虏回家的传单

规 格：长 15.5 厘米，宽 9.5 厘米

简 述：川陕苏区红三十一军政治部印发的欢送俘虏回家的传单，竖长方形，油印。正文四行，落款为"红四方面军第三十一军政治部"。

收 藏：川陕革命根据地博物馆

"打落敌人飞机一架"的捷报

规　格： 长 13.8 厘米，宽 8.5 厘米

简　述： 川陕省委宣传部印发的"打落敌人飞机一架"的捷报，竖长方形，油印，单线锯齿纹框边，右
　　　　边线油印时渗出油墨。"捷报"字样从右至左横排在右上角。正文六行，落款"中国共产党川
　　　　陕省委宣传部（省字二九二号）"。

收　藏： 川陕革命根据地博物馆

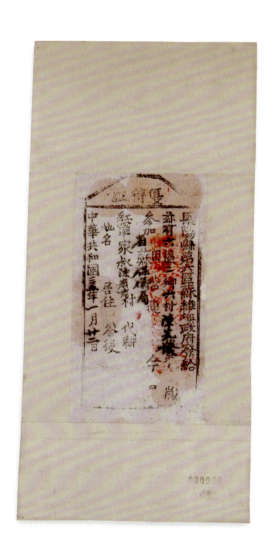

红军家属优待证

规 格：长 17.2 厘米，宽 8.8 厘米

简 述：1935 年川陕苏区恩阳县第六区苏维埃政府发给陈光怀的红军家属优待证，竖排、木刻油印。

陈光怀参加了红军在川陕省保卫局工作，此证系恩阳县第六区苏维埃政府发给六区二乡六村陈

光怀的家属陈宏秀的。证上盖有"恩阳县第六区苏维埃政府"朱文条章。

收 藏：川陕革命根据地博物馆

第二章
抗日战争时期

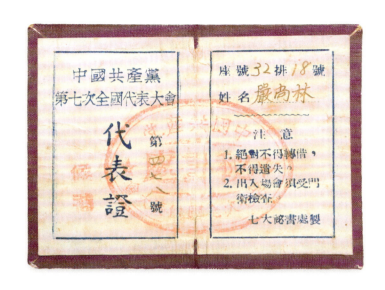

中共七大代表证

规　格：长9厘米，宽6.8厘米

简　述：严尚林的中共七大代表证。该证由枣红色布封面和纸内贴组成，严尚林时任八路军团长，被选为党的七大代表。

收　藏：川陕苏区将帅碑林纪念馆

①

②

③

④

⑤

⑥

⑦ ⑧

红色理发工具

规　格： ① 德国剃刀：由黑色塑料盒和白色金属刀组成，刀长 14.5 厘米。

② 推剪：由推齿、手柄、弹簧三部分组成，全长 15 厘米，宽 11.3 厘米，高 0.8 厘米。

③ 旗牌剃刀：由黑色塑料刀盒和白色金属刀组成。刀长 14 厘米，盒长 15 厘米。

④ 胡刷：直径 2 厘米，高 3 厘米，重 19 克的木质圆柱体。

⑤ 加油壶：由直径 4.7 厘米的壶身和长 7.6 厘米的壶嘴组成。

⑥ 挡刀布：由皮质拉手、挡刀面、铁质挂钩三部分组成，长 54 厘米，宽 6 厘米，厚 0.1 厘米。

⑦ 磨刀石：长 25.8 厘米，宽 8.2 厘米，厚 1 厘米，重 741 克的石材。

⑧ 布围裙：长 106 厘米，宽 90 厘米，厚 0.1 厘米，重 164 克的蓝底白花布料。

简　述： 红军三大主力胜利会师到达陕北后，李朗贤被安排从事后勤服务工作，为党政军领导理发并开办了大众理发店。一次萧劲光司令来他的理发店理发看到他的理发工具都是自制的剃刀，便把他从德国带回来的这套理发工具送给了李朗贤。李朗贤用这套理发工具为毛泽东、周恩来、朱德等老一辈无产阶级革命家和人民群众理发。

收　藏： 川陕苏区将帅碑林纪念馆

缴获的日军毛毯

规　格： 长 210 厘米，宽 180 厘米

简　述： 1944 年尤太忠缴获的日军毛毯，系细羊毛纺织品，米黄色。

收　藏： 川陕苏区将帅碑林纪念馆

望远镜

规 格：总高 9.5 厘米，宽为 14.5 厘米；视物镜玻璃片直径 1.1 厘米，镜距 5.5 厘米—7.5 厘米；聚物镜玻璃片直径 2.5 厘米，镜距 10 厘米—12 厘米，可调距离 2 厘米。

简 述：抗日战争时期陈其通使用的望远镜，20 世纪 30 至 40 年代的产品。陈其通任延安艺术学院中队长，多次带领学生赴部队慰问演出。后任军区武装部长，经常深入敌后，组织反"扫荡"斗争。这副望远镜陪他度过了艰难的战争岁月。

收 藏：川陕苏区将帅碑林纪念馆

马褡子

规　格：纵 120 厘米，横 65 厘米

简　述：陈怀堂使用的布马褡子，长方形，外面正中从轴对称线分为两个大袋，大袋边缘厚 8 厘米。

抗日战争后期，陈怀堂任八路军总部警卫营副教导员，分得了这条马褡子。

收　藏：川陕苏区将帅碑林纪念馆

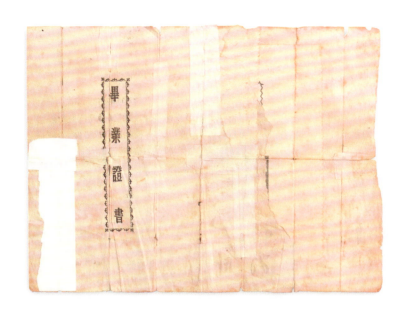

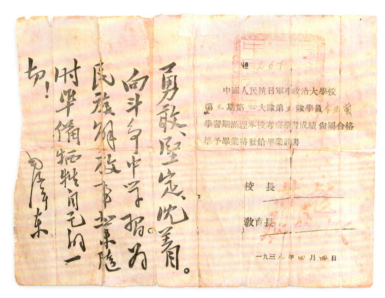

抗大毕业证

规　格： 纵 15.3 厘米，对折后宽 10 厘米

简　述： 该毕业证书为单页对折的土黄色纸。抗日军政大学是在中国共产党领导下，为培养军事政治人才的最高学府、革命的摇篮。1938 年 4 月 4 日，李玉兰毕业于抗日军政大学。

收　藏： 川陕苏区将帅碑林纪念馆

模范护士纪念章

规　格：纵 3 厘米，横 2.1 厘米

简　述：李国文的模范护士纪念章。1944 年 5 月 12 日，在延安和平医院护士节纪念大会上，陕甘宁边区政府颁发奖章，由毛主席亲授。模范护士纪念章一共八枚，时任和平医院疗养科护士长的李国文获此奖章。

收　藏：川陕苏区将帅碑林纪念馆

西北青年救国联合会纪念章

规　格：长 4 厘米，宽 2.9 厘米，厚 0.2 厘米，重 11.4 克

简　述：杨挺的西北青年救国联合会纪念章。抗日战争时期，时任八路军 129 师直属政治处干事的杨挺，参与了部队配合地方政府组织发展"西北青年救国联合会"，并参加了"第二次代表大会"，大会给组织参与的同志颁发了纪念章。

收　藏：川陕苏区将帅碑林纪念馆

绑腿带

规　格：长 380 厘米，宽 7 厘米

简　述：蔡成兴自己动手编织使用的绑腿带。该绑腿带为粗棉线手工
编制而成，系当年八路军官兵通用的裹紧小腿的长布带，利
于行军作战，不仅行动敏捷有力，而且在丛林间可避免荆棘
划破裤子和皮肤。

收　藏：川陕苏区将帅碑林纪念馆

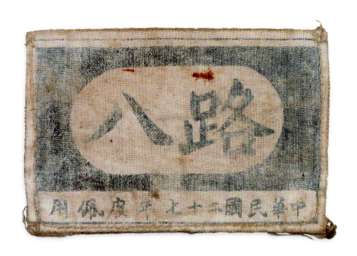

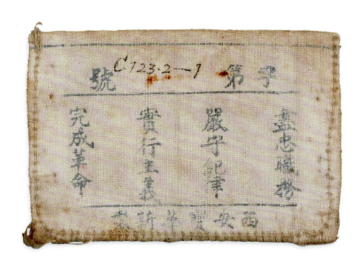

八路军臂章

规　格： 长 5.9 厘米，宽 8.3 厘米，厚 0.1 厘米，重 1.38 克

简　述： 1938 年八路军臂章，白布，印刷，横长方形。

收　藏： 川陕革命根据地博物馆

八路军荣誉战士纪念章

规　格：直径 3.2 厘米，厚 0.4 厘米，重 10.4 克

简　述：抗战时期八路军荣誉战士纪念章，圆形，中心圆内竖排两行
美术字阳文"荣誉战士"，为红底白字。

收　藏：川陕革命根据地博物馆

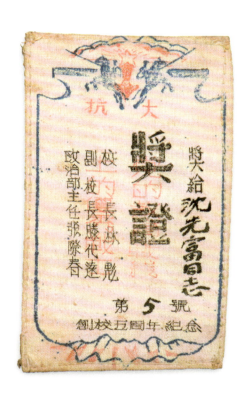

抗大创校五周年纪念奖证

规 格： 长 10 厘米，宽 6 厘米

简 述： 1941 年沈先富的抗大创校五周年纪念奖证，白色布质，长方形，周边印有蓝色线条，正上方印有奔腾的骏马和红军扛着军旗的图案，军旗中有一颗红五星和光芒线条。图案下有"抗大"两个红色小字，再下是"党的教育战线上的优秀战士"红色大字，红字上面覆盖着黑体字。"奖证"在中间，右边印有"奖给沈先富同志"，左边印有"校长林彪、副校长滕代远，政治部主任张际春"。下边两排，上排为编号"第五号"，下排为"创校五周年纪念"。奖证背面盖有方形大印。

收 藏： 川陕苏区将帅碑林纪念馆

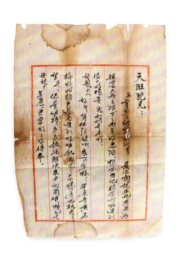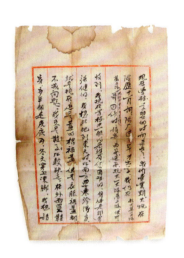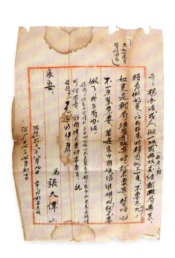

家书

规　格： 长 30.7 厘米，宽 20 厘米，重 7 克

简　述： 1938 年张天伟在延安写给胞兄的家书。

收　藏： 川陕苏区将帅碑林纪念馆

文件夹

规　格： 长 31 厘米，宽 22 厘米

简　述： 抗日战争时期陈康使用的文件夹，皮质，朱红色，横向正中外侧竖分为左右两大袋。

收　藏： 川陕苏区将帅碑林纪念馆

缴获的军靴

规 格： 靴深 49 厘米，底长 30 厘米

简 述： 1942 年罗应怀缴获日军的军靴，牛皮质地，外观咖啡色。靴内嵌有深色羊毛，轮胎帮底。靴后跟上有一皮质坚硬的小块，起保护作用。

收 藏： 川陕苏区将帅碑林纪念馆

壹仟圆商业流通券

规　格： 长 14 厘米，宽 7 厘米

简　述： 1945 年陕甘宁边区贸易公司壹仟圆商业流通券，系抗日战争末期经陕甘宁边区政府批准发行，作纳税、交易、还债之用，并可在边区银行按一元兑换二十元法币。上端横排两行右读字"陕甘宁边区贸易公司商业流通券"。下边横排右读"中华民国三十四年印"，正面的编号为"2114089"，背面四条说明为竖排八行。

收　藏： 川陕苏区将帅碑林纪念馆

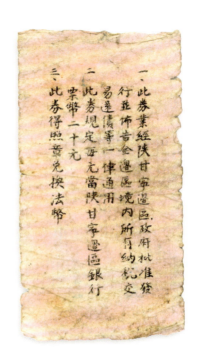

拾圆商业流通券

规　格： 长 8.8 厘米，宽 4.4 厘米

简　述： 1945 年陕甘宁边区贸易公司拾圆商业流通券，系抗日战争末期经陕甘宁边区政府批准发行，作纳税、交易、还债之用，并可在边区银行按一元兑换二十元法币。上端横排两行右读字"陕甘宁边区贸易公司商业流通券"，左读编号"0263844"，竖排"拾圆"。下边横排右读"中华民国三十四年印"，背面三条说明为竖排六行。

收　藏： 川陕苏区将帅碑林纪念馆

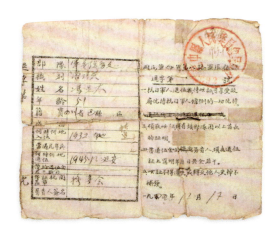

八路军退伍证

规　格： 长 13.2 厘米，宽 7.7 厘米

简　述： 1945 年冯显太的八路军退伍证，系一张泛黄纸，对折成页。封面正中略右竖排石印繁体字"国民革命军第八路军退伍证"。内页左侧石印表格，横排依次手写：部队军委总务处；职别 管理员；姓名 冯显太；年龄 51；籍贯 四川省巴中县；1932 年入伍，1945 年 12 月；内页右侧，横排十一行文字说明，时间是 1945 年 12 月 17 日，右上角盖有鲜章"巴中县人民委员会"，签署时间 1963 年 8 月。该证是冯显太老红军于 1945 年 12 月从延安退伍时，上级发给他的证件。

收　藏： 川陕苏区将帅碑林纪念馆

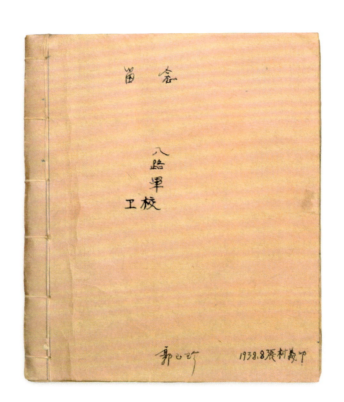

八路军卫校教材

规　格： 长 16.7 厘米，宽 13.7 厘米

简　述： 1938 年郭玉珍使用的八路军卫校教材，采用当时通用纸，单面印刷，对折成页，手工线装而成。封面、封底为牛皮纸，全书共 72 页，页码编号在下方，采用手刻蜡纸油印而成，封面手写"八路军卫校""留念""郭玉珍""1938.8 张村义印"。内页的原始封面上端横排右读飞白体"各种注射疗法""八路军卫校翻印"下端横排时间"1938.8"。

收　藏： 川陕苏区将帅碑林纪念馆

竹椅

规 格：长 43.5 厘米，宽 48 厘米，高 98 厘米

简 述：靠背竹板上刻楷体字"抗战到底"。

收 藏：川陕革命根据地博物馆

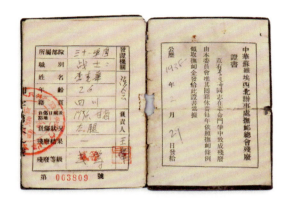

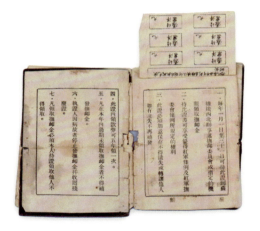

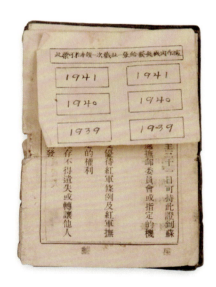

残废证书

规　格： 长 13.3 厘米，宽 9.2 厘米

简　述： 1938 年中华苏维埃西北办事处抚恤总会颁给李克华的残废证书（附抚恤兑换券），竖长方形，
铅印，共 16 页。

收　藏： 川陕革命根据地博物馆

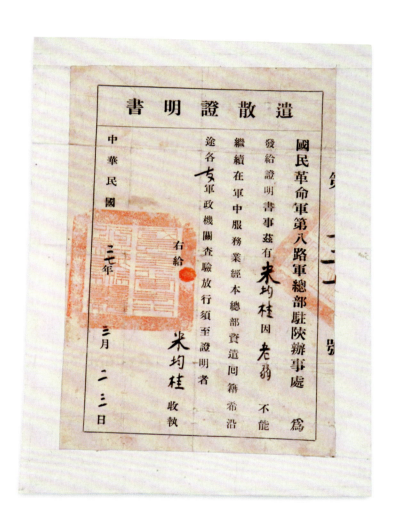

遣散证明书

规 格： 长 20.8 厘米，宽 16.6 厘米

简 述： 1938 年八路军总部驻陕办事处颁给米均桂的遣散证明书，竖长方形，单线框边，铅印。

收 藏： 川陕革命根据地博物馆

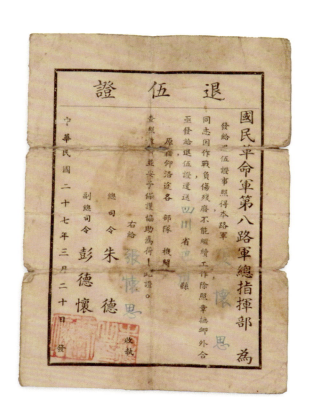

退伍证

规　格：长 15.2 厘米，宽 10.8 厘米

简　述：八路军总指挥部颁发给张怀思的退伍
　　　　证，竖长方形，单黑线边框，铅印。

收　藏：川陕革命根据地博物馆

抗敌救国荣誉纪念章

规　格： 直径 3.9 厘米，厚 0.4 厘米，重 11.2 克，铜质，十二边形。

简　述： 抗敌救国荣誉纪念章，由中心圆、内圈、边缘三部分组成。中心圆内铸有竖排两行美术体阴文为"抗敌救国"，内圈铸有从右至左弧形排列阴文"湖北省宜昌县民众抗敌后援会敬赠"，下边铸有从右至左弧形排列阴文"荣誉纪念章"，边缘有粗细相间的射线，顶部一角系有约 2.2 厘米的佩链，背面有别针。

收　藏： 川陕革命根据地博物馆

光辉物证
——川陕苏区精品革命文物赏析

第三章
解放战争时期

口盅

规　格： 口径 10.8 厘米，高 10.8 厘米

简　述： 1946 年叶挺乘坐的飞机失事残片制作的口盅，圆形，无盅盖，有手把，结构完整，内外表
层色泽陈旧，系灰色，纯金属（合金制作），底部边缘及接头处全用铆钉紧固，完好不漏水。
1946 年 3 月，经共产党多次与国民党交涉营救，叶挺将军获释。4 月 8 日，从重庆返回延安
的途中，飞机在山西兴县黑茶山失事坠毁。当时，在陕北兵工厂工作的钟永福等奉命奔赴现场
调查，捡回飞机的残片。为了怀念叶挺将军，钟永福、苟秀英夫妇利用飞机残片加工制作成这
个口盅。

收　藏： 川陕苏区将帅碑林纪念馆

晋冀中部地形图

规 格： 最大纵 45 厘米，横 60 厘米；最小纵 29.5 厘米，横 44.3 厘米

简 述： 1944 年—1948 年晋冀中部地形图，纸质，长方形。分绘制地形、地貌、等高线的"地形地图"和只绘制山川、河流、交通线的"区域地图"两卷。每卷分七册，每册页数不一，多则 10 页，少则 3 页。每张测绘图的版幅大小不等。每卷翻印时间和翻印单位亦不同。"地形地图"系 1944 年 8 月由晋察冀军区第十三军司令部翻印，该卷"图表"则为 1944 年 12 月印制。"区域地图"系 1948 年 7 月，由中国人民解放军华东军区司令部翻印，该卷"图表"则为 1948 年 8 月 1 日印制。该地图结合图（集）共 92 页（张），除两张"图表"外，其余 90 张图为 90 个区域测绘点。使用时，用红、蓝色在图上做了标记的有 25 张。解放战争时期，邓文彪任十三兵团师长时，分得该地形图。在解放原热河省和华北的战斗中，该地形图对军事部署、包围敌人的据点、调集部队、与友军合作等军事行动中起到了很大的作用。

收 藏： 川陕苏区将帅碑林纪念馆

抗战慰问袋

规　格：长 21.5 厘米，宽 16.5 厘米

简　述：1947 年，李绍远受到表扬时奖励的抗战慰问袋，既是慰问品又是工艺品，棉纱布制作。浅黄色底面，正上方绣"1947 年：16 / 4"字样，左边绣"抗战"，右边绣"光荣"，中间绣"慰问袋"，嵌有绿叶红花图案，红色嵌边。背面红色底布料，正上方绣有"磁县"字样，下排绣有"十区上官庄"，正下方绣有"张为花敬"，中间为绣花图案周边针线捆边。顶部拉线封口，有编织的布提手。

收　藏：川陕苏区将帅碑林纪念馆

棉帽

规 格： 毛长约 1 厘米，毛皮前额、脖颈处宽为 10 厘米，护身长 18 厘米，宽约 10 厘米

简 述： 肖华的棉帽，系北方军民通用的火车头形的防寒帽，绿色斜纹华达呢为面料，深色平纹布料为里。前额、护脖和护身部分为深色皮毛，戴时毛皮在外（上翻），御寒时从锚定的两护身尖端解开绳带向下翻，毛皮向内贴肉即御寒。解放战争时期，肖华任东北野战军第一和十三兵团政委，这顶毛皮棉帽就是他在冰天雪地里作战时所戴。

收 藏： 川陕苏区将帅碑林纪念馆

淮海战役纪念章

规　格： 直径为 2.4 厘米

简　述： 1949 年刘明金的淮海战役纪念章，不规则圆形，上方两端有突出部分。正面上方为红五角星一枚，两端为枪支构成的图案，枪支下方有圆弧排列左读"淮海战役"字样，中间有横排左读"胜利纪念"字样。文字下方有波浪形水纹图案，最下方为圆弧排列左读"中原人民解放军"。纪念章背面上方有别针一枚，中间为横排"1948.11.5—1949.1.10""中原军区"颁发。中共中央中原局和中原军区司令部、政治部颁发淮海战役纪念章，刘明金作为参加淮海战役的参战人员获得此纪念章。

收　藏： 川陕苏区将帅碑林纪念馆

指南针

规　格：直径 4.7 厘米

简　述：解放战争时期赵正刚使用的指南针，圆形，金属制成。表内为一个长 4.2 厘米的指针，随着表的转动变换指针的指向。表上有东、南、西、北和 0—360 度的刻度。该指南针是赵正刚老红军当年为了革命事业转战南北指挥作战的工具，为部队行军和作战的良好向导，同时也见证指南针的发展。

收　藏：川陕苏区将帅碑林纪念馆

体温计

规　格：长 10.5 厘米

简　述：1948 年郎正喜使用的美国体温计，圆柱体，玻璃构成。附有一个黑色的圆柱体外壳，通长 11.5 厘米，另附有一个土黄色盒，长 12.5 厘米，宽 4.5 厘米，高 2 厘米，体温计保存完好。郎正喜在延安白求恩医科大学毕业后，于延安驻所司令部工作，是贺龙、萧劲光、王维舟的保健医生，组织配发了此体温计。

收　藏：川陕苏区将帅碑林纪念馆

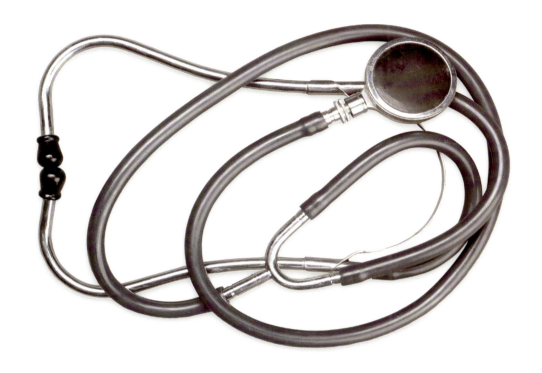

听诊器

规 格：全长 100 厘米

简 述：1948 年郎正喜使用的美国听诊器。由听膜、导管、耳塞三部分组成，听膜直径 3.6 厘米，塑料管呈普蓝色，耳塞系弦形的金属组成。郎正喜在延安白求恩医科大学毕业后，于延安驻所司令部工作，是贺龙、萧劲光、王维舟的保健医生，组织配发了此听诊器。

收 藏：川陕苏区将帅碑林纪念馆

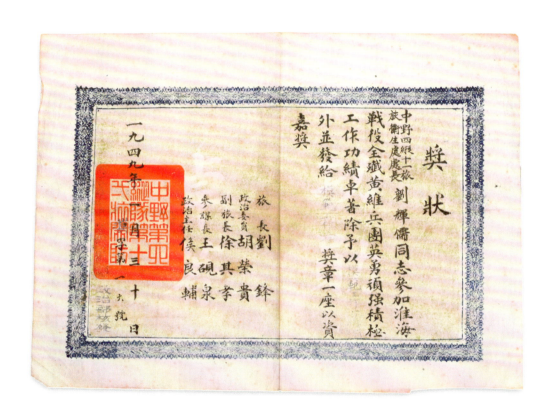

淮海战役模范工作奖状

规　格： 长 34.5 厘米，宽 26 厘米

简　述： 1949 年刘辉儒的淮海战役模范工作奖状。长方形，四周蓝色花纹嵌边，正中为浅色底面，外边为白色纸面。淮海战役期间，中野四纵十一旅卫生处处长刘辉儒英勇顽强、功绩显著，获得模范工作者称号，并获模范工作者奖状。

收　藏： 川陕苏区将帅碑林纪念馆

淮海战役纪念证

规　格：长 9 厘米，宽 6.5 厘米，厚 0.2 厘米

简　述：刘辉儒的淮海战役纪念证。精致、面小、纸质、浅黄底面。正面字样"淮海战役纪念证""中
　　　　原野战军四纵队政治部制"，黑色嵌边条纹。

收　藏：川陕苏区将帅碑林纪念馆

朱德奖章

规 格： 外圆直径 3.8 厘米，内圆直径 1.4 厘米

简 述： 1947 年授予吴锐的朱德奖章，圆形，红色"奖"字居中。外圆上方有五面红旗折叠图样，中有"朱德奖章"4 字。同心小圆的左右两边分别为四根长短不一的线条，斜向排列。同心圆的下面为一解放军战士，手握重机枪射击；整个射击图案为黄色，有红色半圆背景，似碉堡。奖章的背面为黄色，上方有一用于佩戴的小锁针，下方为"1947"字样。

收 藏： 川陕苏区将帅碑林纪念馆

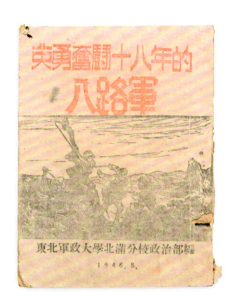

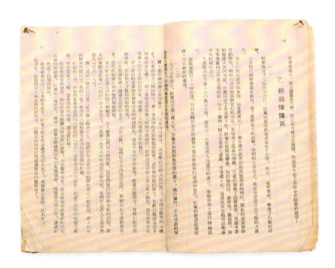

《英勇奋斗十八年的八路军》

规 格： 长 17.7 厘米，宽 12.8 厘米

简 述： 1946 年东北军政大学政治部编印的读本《英勇奋斗十八年的八路军》，共 64 页，系使用泛黄的 20 世纪 40 年代通用印刷纸印制。封面上端为书名"英勇奋斗十八年的八路军"，下端是"东北军政大学北满分校政治部编"，时间为"1946.8"，盖有红色印章。

收 藏： 川陕苏区将帅碑林纪念馆

皮公文包

规 格：高 27 厘米，宽 43 厘米，厚 5.5 厘米

简 述：解放战争时期魏传统使用的皮公文包，以压花棕色牛皮为面料，里覆绸子，系装各类重要文件
或上传下达使用。

收 藏：川陕苏区将帅碑林纪念馆

皮马鞭

规　格： 长 46 厘米，直径 1.4 厘米

简　述： 该皮马鞭由鞭柄和鞭鞘组成，鞭柄是根铜管，内填木棍，后端握柄，套有缝合的黑色布套。中部横穿孔套双绳以便套挂。1949 年，蔡成兴随军向新疆进发，时任骆驼营营长，运输军用物资，通过茫茫戈壁，屡遇风沙侵扰，他纵马挥鞭，斗风沙，战顽匪，圆满完成任务。

收　藏： 川陕苏区将帅碑林纪念馆

行军面盆袋

规　格： 直径 42 厘米，厚 1.1 厘米，重 176 克

简　述： 解放战争时期杨步金使用的行军面盆袋，圆形，由土灰色土布制成，中部有一长 8 厘米的提
　　　　　手，面盆装入袋后便于携带。

收　藏： 川陕苏区将帅碑林纪念馆

张广恩使用过的手枪

规 格：长 15.5 厘米，宽 10 厘米，重 674 克

简 述：解放战争时期张广恩使用过的手枪。

收 藏：川陕苏区将帅碑林纪念馆

中英美苏同盟胜利纪念章

规　格： 直径 2.1 厘米，厚 0.4 厘米，重 4.4 克

简　述： 中英美苏同盟胜利纪念章，铜质，机制，圆形。正面有四面国旗及表示胜利的"V"符号，象征自由和光明的火炬。图案上方有年号"1945.9.2"，下方有"同盟胜利"字样。

收　藏： 川陕革命根据地博物馆

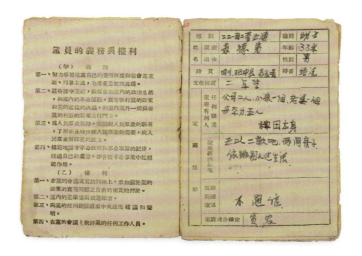

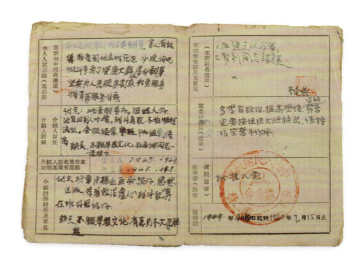

入党志愿书

规　格： 长 12.7 厘米，宽 8.9 厘米

简　述： 1949 年苏德弟的入党志愿书，竖长方形，双面铅印。封面横排"中共党员入党志愿书，部别、姓名、年、月、日、填于"等栏目；第 2 页填写本书的《说明》；第 3 页无文字，正中有一颗五角星；第 4 页印有"党员的权利与义务"各 4 条；第 5—9 页为表格；第 11、12 页是"转党审定"，主要填写入党人在候补期间的表现，小组、支部、党委的意见，在"批准否"栏内填有"批准转党"，并盖有"中国人民解放军步兵二二一团二连二营党委员会"圆形大印，在"备注"栏内"功劳证文化馆借"红色钢笔字为后人所写。

收　藏： 川陕革命根据地博物馆

渡江胜利纪念章

规　格：直径 3.1 厘米，厚 0.2 厘米，重 10 克

简　述：1949 年渡江胜利纪念章，铜质，圆形。

收　藏：川陕革命根据地博物馆

肆

第四章
社会主义革命
和建设时期

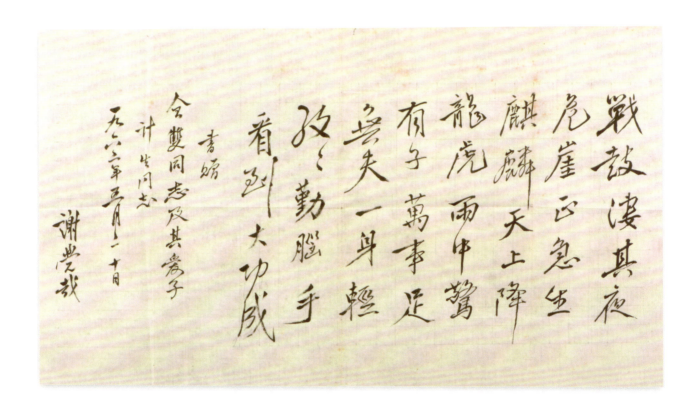

谢觉哉题词

简 述： 1962 年谢觉哉给华全双及其爱子的题词。宣纸，横长方形，竖排，墨书行体，共 13 行。内
容为"战鼓凄其夜，危崖正急生，麒麟天上降，龙虎雨中惊，有子万事足，无夫一身轻，孜
孜勤脑手，看到大功成"。落款："书赠 全双同志及其爱子计生同志 一九六二年五月二十
日 谢觉哉"。

收 藏： 川陕革命根据地博物馆

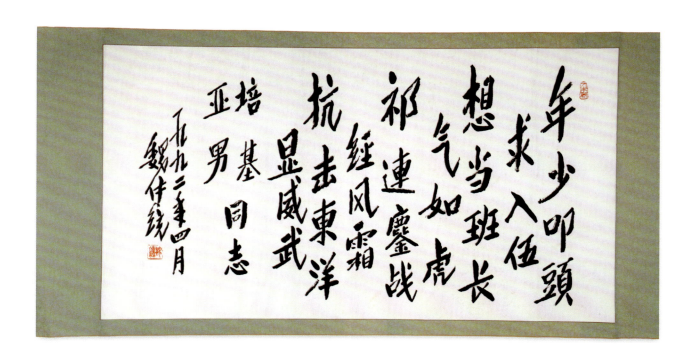

魏传统为李培基题词

规　格：长 116.5 厘米，宽 64.5 厘米

简　述：1992 年魏传统为李培基题词，横轴。该横幅手迹书写在宣纸上，再裱于浅绿色的硬花纸上而构成横屏。

收　藏：川陕苏区将帅碑林纪念馆

抗美援朝纪念丝巾

规 格：长 70 厘米，宽 62 厘米

简 述：1951 年巴中警卫营赠予孙常忠的抗美援朝纪念丝巾。丝巾一角有红色的五角星，上面弧形排列"抗美援朝最光荣"字样，角端有年号"1951"；下面为"巴中警卫营全体赠"，文字均为红色。

收 藏：川陕革命根据地博物馆

解放西南胜利纪念章

规　格： 直径 3.2 厘米，厚 0.4 厘米，重 10.6 克

简　述： 1949 年解放西南胜利纪念章。铜质，圆形，正面中心图案为中国地图，地图上边缘处有一五角星，地图周围有圆点纹。

收　藏： 川陕革命根据地博物馆

抗美援朝纪念章

规 格：直径 4 厘米，厚 0.3 厘米，重 20.6 克

简 述：1951 年抗美援朝纪念章，合金，由纪念章和佩锦
　　　两部分组成。

收 藏：川陕革命根据地博物馆

抗美援朝和平万岁纪念章

规 格：长 3.9 厘米，宽 3.87 厘米，厚 0.4 厘米，重 9.2 克

简 述：1953 年抗美援朝和平万岁纪念章，合金，圆形。

收 藏：川陕革命根据地博物馆

新年贺卡

规 格： 长 21.4 厘米，宽 13 厘米，重 5.3 克

简 述： 1951 年川北人民行政公署印制的新年贺卡，川北行署区的
历史见证。

收 藏： 川陕革命根据地博物馆

元旦贺卡

规　格: 长 18 厘米，宽 9.8 厘米，重 1.4 克

简　述: 1951 年川北区巴中县常务委员会印制的元旦贺卡，是当年隶属于川北行署区的巴中县常务委员会为辖区内人民制作的元旦贺卡。

收　藏: 川陕革命根据地博物馆

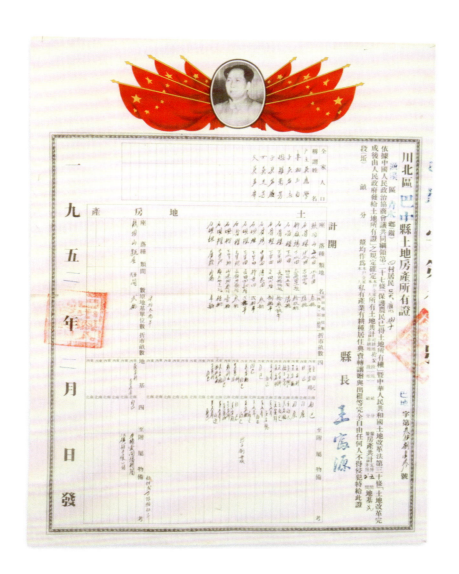

土地房产所有证

规 格： 长 54.5 厘米，宽 42 厘米

简 述： 吴应学的土地房产所有证，长方形，竖排，彩色单面铅印，四周有花边。顶部有八面国旗和毛泽东的半身像，框内右半部是县长王富元签发的"川北区巴中县土地房产所有证"，编号为"巴地字第 35810 号"，右边沿有编号和"巴中县人民政府"方印；左半部系表格。落款为"一九五二年二月 × 日发"，并盖有"巴中县人民政府"方印。

收 藏： 川陕革命根据地博物馆

中华人民共和国开国盛典日纪念章

规 格：长 3.07 厘米，宽 3.09 厘米，厚 0.3 厘米，重 6.7 克

简 述：1949 年中华人民共和国开国盛典日纪念章，铜质，
异形。

收 藏：川陕革命根据地博物馆

解放华中南纪念章

规 格：直径 3.46 厘米，厚 0.3 厘米，重 13.1 克

简 述：1950 年解放华中南纪念章，合金，近圆形。

收 藏：川陕革命根据地博物馆

华北解放纪念章

规　格：直径 3.7 厘米，厚 0.2 厘米，重 21.43 克

简　述：1950 年华北解放纪念章，合金，由纪念章和佩锦两部分组成。

收　藏：川陕革命根据地博物馆

解放西北纪念章

规　格：直径 3.25 厘米，厚 0.2 厘米，重 12.5 克

简　述：1950 年解放西北纪念章，合金，由纪念章和佩锦两部分组成。

收　藏：川陕革命根据地博物馆

毛泽东纪念章

规　格：直径 2.9 厘米，厚 0.45 厘米，重 8.75 克

简　述：1951 年毛泽东纪念章，合金，圆形，由内
　　　　圆和外圆两部分组成。

收　藏：川陕革命根据地博物馆

川北区首届农代会纪念章

规　格：直径 3.2 厘米，厚 0.3 厘米，重 9.6 克

简　述：1951 年川北区首届农代会纪念章，合金，
　　　　圆形。

收　藏：川陕革命根据地博物馆

人民功臣纪念章

规　格：直径 2.9 厘米，厚 0.4 厘米，重 14.67 克

简　述：1950 年西北军政委员会颁人民功臣纪念章，铜
　　　　质，由纪念章和佩锦两部分组成。

收　藏：川陕革命根据地博物馆

留法预备学校学生证

规　格：长 3.5 厘米，宽 4.4 厘米，厚 0.2 厘米，重 15.7 克

简　述：1950 年留法预备学校学生证，铜质，椭圆形。

收　藏：川陕革命根据地博物馆

出入证

规　格：直径 3.9 厘米，厚 0.2 厘米，重 13.3 克

简　述：1950 年陕西省游击司令部铜元厂出入证，铜质，呈
　　　　花瓣状。

收　藏：川陕革命根据地博物馆

纸扇

规 格： 长 30.4 厘米，宽 2.1 厘米，高 2 厘米，展开长 45 厘米，重 45 克

简 述： 覃文烈士使用的纸扇。由 16 根木质扇骨和彩图扇面构成。首尾两根骨上有"帝受元命天""用
高之""太祝""日足"等阴刻文字，扇面绘"三战吕布"彩图，背面墨书两首词。

收 藏： 川陕革命根据地博物馆

孙克家属补助的函

规 格： 长 27 厘米，宽 19 厘米

简 述： 1951 年西南军政委员会公安部出具的老红军孙克家属补助的函。竖长方形，红线框边，四角各有一枚红五星，顶部有红字"西南军政委员会公安部"。框内彩色，以黄底上白色和平鸽和红色美术字为背景，正文铅印黑字。末尾盖有"西南军政委员会公安部"条形印章。

收 藏： 川陕革命根据地博物馆

将军大衣

规 格：长 120 厘米，肩宽 46 厘米，袖长 66 厘米

简 述：1955 年，陈其通任总政治部文化部副部长，接见贵宾，视察工作，出席会议穿的礼服。

收 藏：川陕苏区将帅碑林纪念馆

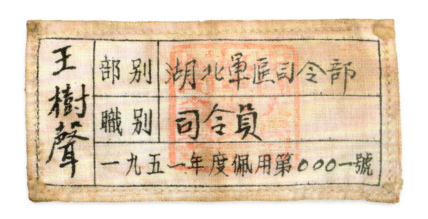

胸章

规　格：长 8 厘米，宽 4 厘米

简　述：1951 年，任湖北军区司令员王树声佩戴的胸章。

收　藏：川陕苏区将帅碑林纪念馆

华北解放纪念章

规 格：长 3.8 厘米，宽 3.6 厘米

简 述：1950 年王树声的解放华北纪念章。设计
构图是由谷穗、齿轮和带有五角星的八一
军旗构成。

收 藏：川陕苏区将帅碑林纪念馆

全国人民慰问人民解放军纪念章

简 述：1954 年，王树声荣获全国人民慰问人民
解放军纪念章。设计构图为大小相等的两
个莲瓣纹的五边形相互错位重叠扣合而
成。

收 藏：川陕苏区将帅碑林纪念馆

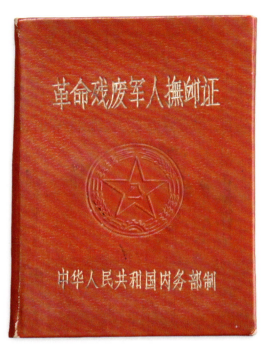

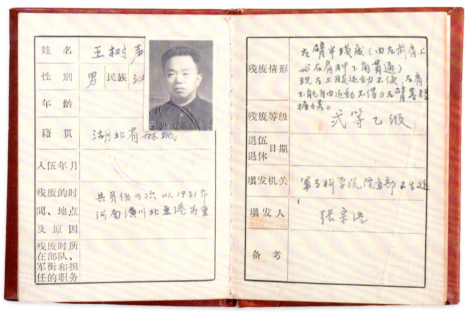

革命残废军人抚恤证

规　格：长 10.3 厘米，宽 7.5 厘米，厚 0.2 厘米，重 28 克

简　述：1962 年王树声的革命残废军人抚恤证。长方形，纸质，封面为红色，正上方为"革命残废军人抚恤证"字样，中间为八一的五角星图案，下方为"中华人民共和国内务部制"。

收　藏：川陕苏区将帅碑林纪念馆

王树声的领章

规　格：长 6.7 厘米，宽 3 厘米

简　述：1955 年，王树声任中南军区副司令时佩戴的领章。

收　藏：川陕苏区将帅碑林纪念馆

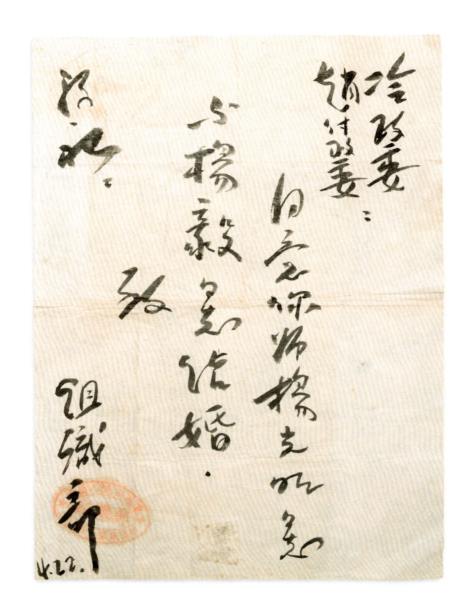

结婚证明书

简 述： 1950 年杨光明的结婚证明书。普通书写纸（已泛黄），毛笔字，字最大 3 厘米，最小 1 厘米。

杨光明同志在中国人民解放军第 51 军 211 师 23 团任参谋长时，与杨毅同志经过多年恋爱，双方自愿结为夫妻。经军部领导审查同意后，由 51 军组织部向 211 师的正副两位政委去函，证明组织上同意他们两人结婚，1950 年 4 月 22 日正式批准，获得此结婚证明书。

收 藏： 川陕苏区将帅碑林纪念馆

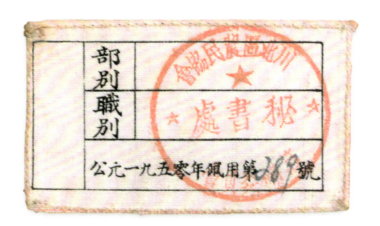

特派员胸章

规　格：长 7.7 厘米，宽 4.8 厘米

简　述：李玉兰佩戴的特派员胸章，双层白布扎边缝合而成。1950
　　　　年，李玉兰任川北农民协会特派员，到所属各地视察工作时
　　　　佩戴的胸章。

收　藏：川陕苏区将帅碑林纪念馆

委任状

规 格：长 24.8 厘米，宽 17.8 厘米

简 述：1950 年，李玉兰获得的"川北农民协会委任状"，由川北行署颁发。

收 藏：川陕苏区将帅碑林纪念馆

二级红星功勋荣誉章

简　述： 刘明金的二级"红星功勋荣誉章"。该勋章呈十角葵瓣纹，质地系"6k"的金属。1988 年，中共中央对新中国建设的有功之臣授予此荣誉章。

收　藏： 川陕苏区将帅碑林纪念馆

三级八一勋章

规 格： 外径 5 厘米

简 述： 1955 年授予刘明金的三级八一勋章。设计采用中国传统的
莲瓣纹和如意纹相结合作为勋章的外圆环造型。

收 藏： 川陕苏区将帅碑林纪念馆

独立自由奖章

简 述：1955 年刘明金获得的独立自由奖章。金属制
作，圆形，金黄色。

收 藏：川陕苏区将帅碑林纪念馆

毕业文凭证书

规 格：长 15.6 厘米，宽 10.5 厘米

简 述：1956 年 9 月至 1958 年 7 月，刘明金同志在中国人民解放军军事学院高级速成班二期学习期
满的毕业证书，硬纸板折叠而成。

收 藏：川陕苏区将帅碑林纪念馆

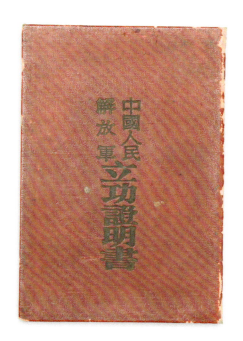

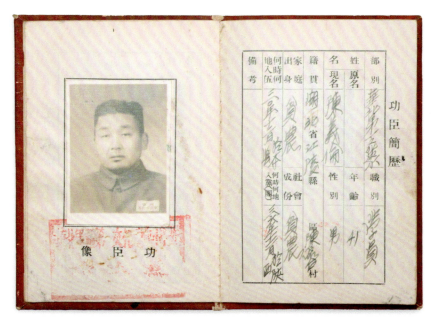

立功证明书

规　格： 长 15.7 厘米，宽 11.6 厘米

简　述： 1953 年陈义伦获得的立功证明书，枣红色布做封面，纸质，

上印金色的"中国人民解放军立功证明书"。

收　藏： 川陕苏区将帅碑林纪念馆

毕业证章

规　格： 直径 3.5 厘米

简　述： 该证章为铜质，圆形。外圆由谷穗、齿轮和"毕业证章"字样环绕，内圆为乳白色底色，由一部坦克和一面红旗组成。1951 年，陈义伦在河北廊坊参加了第一战车学校第一期的学习，成绩良好，完全合格，获得这枚毕业证章。

收　藏： 川陕苏区将帅碑林纪念馆

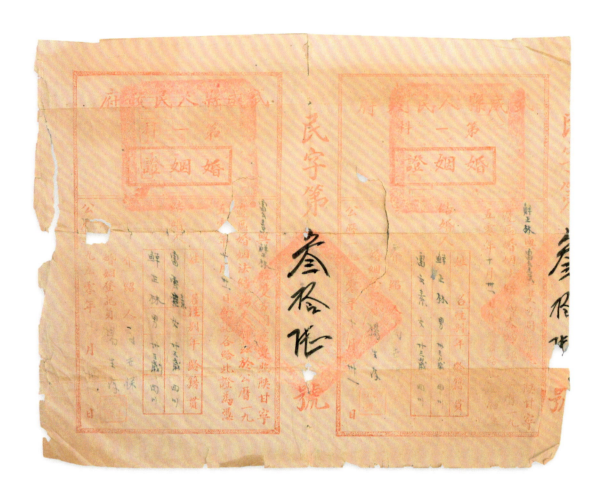

婚姻证

规　格： 长 27 厘米，宽 23 厘米

简　述： 长方形纸质，分为左右两面，内容一致。1950 年鲜正林与
　　　　雷云素结为夫妻，此结婚证就是二位革命伉俪的见证。

收　藏： 川陕苏区将帅碑林纪念馆

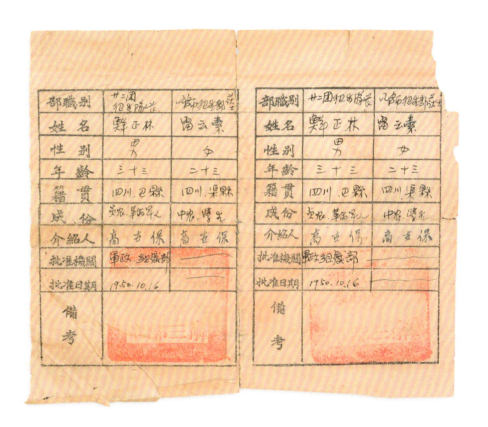

结婚证明书

规　格： 边长 5.2 厘米

简　述： 该证明书系普通纸，分三部分，现只有两部分。正面两边内容一致均竖印着"结婚证明书"4
字，中间竖印有"字第柒拾肆号"并盖有骑缝方印。背面也分左右两部分且内容一致，用表格
分十行三列，详细记载了夫妻二人的基本信息。部职别：廿十二团保卫队长，八师卫生部战士；
姓名：鲜正林，雷云素；性别：男，女；年龄：三十三，二十三；籍贯：四川巴县，四川渠县；
成分：贫农、革命军人，中农、学生；介绍人：高世保；批准机关：军政组织部；批准日期：
1950.10.16，并在备考及批准机关处盖有方章。

收　藏： 川陕苏区将帅碑林纪念馆

朝鲜二级自由独立勋章

规　格：直径 5.8 厘米

简　述：抗美援朝战场上，杨启轩英勇善战、屡立
　　　　战功，1955 年获得朝鲜二级自由独立勋
　　　　章。

收　藏：川陕苏区将帅碑林纪念馆

二级红旗勋章

规　格：外径 4.5 厘米

简　述：1955 年杨启轩的二级红旗勋章，金属，
　　　　由 4 层中心点重合，边角相互对应的图案
　　　　重合而成。杨启轩曾任志愿军 39 军后勤
　　　　部副部长、部长。参加抗美援朝战争，胜
　　　　利后获得了这枚二级红旗勋章。

收　藏：川陕苏区将帅碑林纪念馆

玉印章

规　格： 底边长 4 厘米，高 8 厘米（上下两部分各 4 厘米）

简　述： 1983 年杨国宇使用的玉印章，本色玉石，系好友时任海军第一副司令员刘道生中将刻赠。上端龙头，圆眼巨口，耳、背、足、尾栩栩如生。印章面刻"毋忘团结奋斗" 6 个字，竖排三行，每行两字，笔画突出。

收　藏： 川陕苏区将帅碑林纪念馆

解放华中南纪念章

规 格： 直径 3.5 厘米

简 述： 该纪念章设计构图由齿轮、谷穗、红旗飘带和人物组成。1950 年，杨挺参加了辽沈、平津等战役，获得由中南军政委员会颁发的解放华中南纪念章一枚。

收 藏： 川陕苏区将帅碑林纪念馆

国家级科学技术进步奖特等奖纪念章

规　格：直径 8.5 厘米，厚 0.3 厘米

简　述：1951 年授予刘泽沛的国家级科学技术进步奖特等奖纪念章，金属钱币形。刘泽沛时任解放军
十三研究院院长，其"战时特种武器伤害的医学防护"荣获国家级科学技术进步奖特等奖，特
颁发此纪念章一枚。

收　藏：川陕苏区将帅碑林纪念馆

国家科技进步奖一等奖纪念章

规　格： 直径 5.5 厘米

简　述： 1951 年授予刘泽沛的国家科技进步奖一等奖纪念章，铜质，圆形。在宝珠纹外圆的细线同心圆内，呈下弦式排列"中国人民解放军军事医学科学院"。配套有金色图案和字的黑色化学漆底座。刘泽沛时任解放军十三研究院院长，获得此枚纪念章。

收　藏： 川陕苏区将帅碑林纪念馆

少将肩章

简　述：1955 年授予胥光义的少将肩章，正面以黄色为主，内有 9 根线条，每根线条中又各有 3 根小
　　　　线条，正面偏左侧是一颗五角星，标志少将军衔。

收　藏：川陕苏区将帅碑林纪念馆

江西省赣南行政公署主任的任命书

规　格：长 28.7 厘米，宽 20.5 厘米

简　述：1958 年，宋志霖任江西省赣南行政公署主任的任命书。对叠后，封面上方为高 7.8 厘米的彩色国徽图案，封面下方为两行横排的繁体字，上行"中华人民共和国国务院"，下行"任命书"。打开后，签名右下方为时间，左下角为编号。第 9093 号任命内容：任命宋志霖为江西省赣南行政公署主任，时间是"1958 年 9 月 5 日"。

收　藏：川陕苏区将帅碑林纪念馆

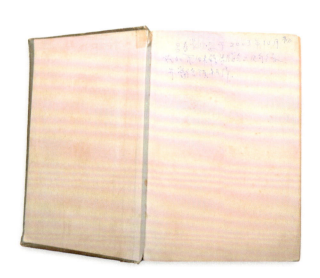

《俄华词典》

规 格： 长 22.6 厘米，宽 15 厘米，厚 6.5 厘米

简 述： 1951 年陈昌浩编著的《俄华词典》，书皮为灰色布面内衬胶纸，书名为俄文和中文，金色字，
钢模压制。内页线装，共 974 页，书中词汇排列按俄文字母顺序。全书共收 2600 余词条。

收 藏： 川陕苏区将帅碑林纪念馆

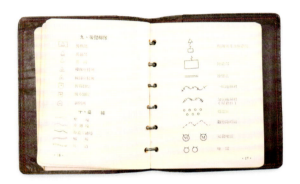

作战参谋手册

规 格：长 13 厘米，宽 10 厘米，重 68 克

简 述：抗美援朝时期程登志将军使用的作战参谋手册。

收 藏：川陕苏区将帅碑林纪念馆

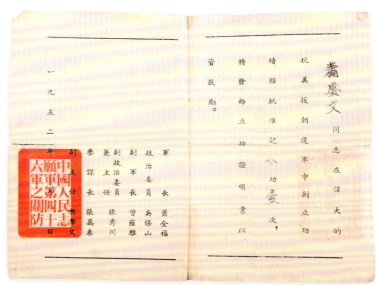

赴朝进军立功证

规　格：长 13 厘米，宽 9.2 厘米，重 4 克

简　述：1952 年志愿军第四十六军颁发给萧盛文的赴朝进军立功证。

收　藏：川陕苏区将帅碑林纪念馆

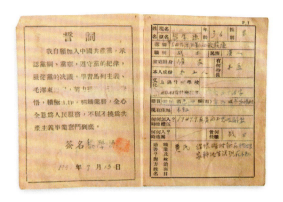 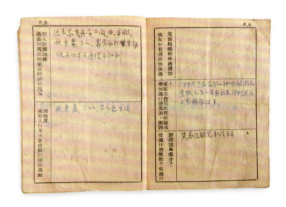

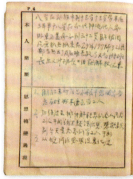 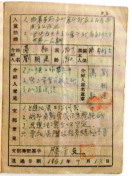 

入党志愿书

规　格： 长 13 厘米，宽 9.4 厘米，重 3 克

简　述： 1951 年黎学德的火线入党志愿书。

收　藏： 川陕苏区将帅碑林纪念馆

副厂长任命通知书

规 格： 长 36 厘米，宽 32 厘米，重 17 克

简 述： 1953 年第二机械工业部任命苏风为第四局 112 厂副厂长的任命通知书。

收 藏： 川陕苏区将帅碑林纪念馆

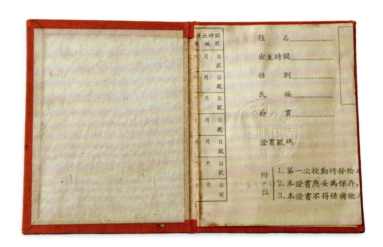

二级八一证书及勋章

规　格： 证书长 8.5 厘米，宽 7.2 厘米；勋章外径 5 厘米

简　述： 1957 年授予刘文祥的二级八一证书及勋章。

收　藏： 川陕苏区将帅碑林纪念馆

二级八一证书及勋章

规 格：证书长 8.5 厘米，宽 7.2 厘米；勋章外径 5 厘米

简 述：1957 年授予漆承藻的二级八一证书及勋章。

收 藏：川陕苏区将帅碑林纪念馆

朝鲜二级勋章及证书

规 格： 勋章直径 4.1 厘米，厚 0.8 厘米；证书长 10 厘米，宽 7.2 厘米，重 32 克

简 介： 1958 年颁发给萧盛文的朝鲜二级勋章及证书。

收 藏： 川陕苏区将帅碑林纪念馆

成渝铁路通车纪念章

规　格： 直径 3.6 厘米，厚 0.2 厘米，重 19 克

简　述： 1952 年成渝铁路通车纪念章，合金，由纪念章和佩锦两部分组成。圆形纪念章，红底，文字和图案均为黄色。纪念章正中有横排两行阳文"成渝铁路通车纪念"，上端是通车日"1952.7.1."，再上有五角星和镰刀、锤头图案。下方中心为铁路标志，下压红、黄两色组成的两束麦穗环绕边沿。顶端有一穿孔，连接两个铁扣，铁扣上系有佩锦。

收　藏： 川陕革命根据地博物馆

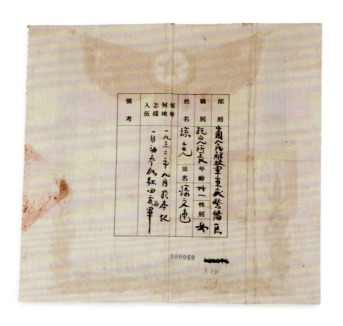

革命军人证明书

规　格： 长 26.3 厘米，宽 25.8 厘米

简　述： 1952 年西南军区政治部颁发给孙克的革命军人证明书，横长方形，彩色铅印。

收　藏： 川陕革命根据地博物馆

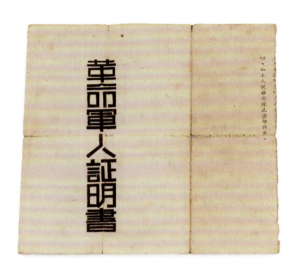

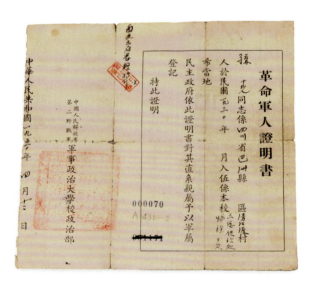

革命军人证明书

规　格：长 19 厘米，宽 18.7 厘米

简　述：1950 年第二野战军军事政治大学政治部颁发给孙克的革命
　　　　军人证明书，横长方形，彩色铅印。

收　藏：川陕革命根据地博物馆

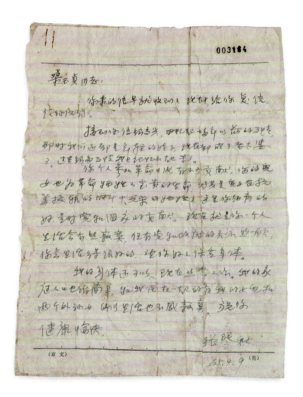

张琴秋给桑玉贞的复信

规　格： 长 26 厘米，宽 18 厘米

简　述： 1965 年中华人民共和国纺织工业部张琴秋给桑玉贞的复信，信笺、横排手书。

收　藏： 川陕革命根据地博物馆

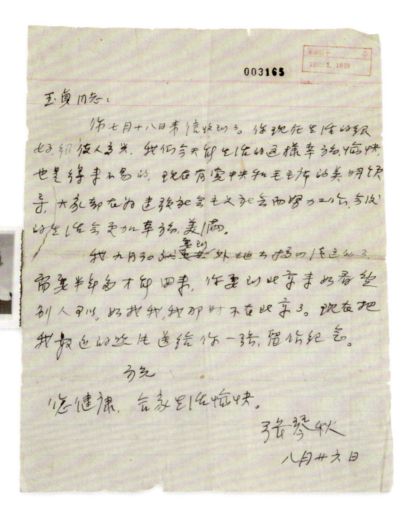

张琴秋给桑玉贞的复信

规　格：长 26 厘米，宽 18 厘米

简　述：1965 年中华人民共和国纺织工业部张琴秋给桑玉贞的复信，
　　　　　信笺、横排手书。

收　藏：川陕革命根据地博物馆